源头与活水

——园长指导保教工作能力的提升

苏 婧 丛书主编

刘晓颖 陈 立 汪 苑 等 编著

北京师范大学出版集团
BEIJING NORMAL UNIVERSITY PUBLISHING GROUP

北京师范大学出版社

图书在版编目(CIP)数据

源头与活水：园长指导保教工作能力的提升/刘晓颖等编著. —北京：北京师范大学出版社，2017.4(2024.1重印)
(幼儿园园长专业能力提升丛书/苏婧主编)
ISBN 978-7-303-22272-8

Ⅰ.①源… Ⅱ.①刘… Ⅲ.①幼儿园－教育管理
Ⅳ.①G617

中国版本图书馆 CIP 数据核字(2017)第 068237 号

图书意见反馈　gaozhifk@bnupg.com　010-58805079
营销中心电话　010-58802181　58805532

出版发行：北京师范大学出版社　www.bnup.com
　　　　　北京市西城区新街口外大街 12－3 号
　　　　　邮政编码：100088
印　　刷：三河市兴达印务有限公司
经　　销：全国新华书店
开　　本：787 mm×1092 mm　1/16
印　　张：12
字　　数：210 千字
版　　次：2017 年 4 月第 1 版
印　　次：2024 年 1 月第 5 次印刷
定　　价：32.00 元

策划编辑：罗佩珍　　　　　责任编辑：齐　琳
美术编辑：焦　丽　　　　　装帧设计：锋尚设计
责任校对：陈　民　　　　　责任印制：马　洁
封面插图：张钧涵(北京市西城三义里第一幼儿园)
指导教师：张　雪

丛书编委会

主　编: 苏　婧

副主编: 吕国瑶　张伟利　田彭彭

编　委: (按姓氏拼音排序)

曹慧弟　陈　立　成　勇　范建华

李　奕　刘峰峰　刘淑新　刘晓颖

柳　茹　申桂红　王　岚　王艳云

杨　颖　于渊莘　张爱军　朱继文

朱小娟　邹　平

　　这几年在和园长交流和接触的过程中，他们经常谈到的一个话题就是，现在当一个园长太不容易了，甚至怀疑自己是不是能力不行，胜任不了园长这个岗位。当然，这并不代表现在我们园长的能力下降了，有这种感觉恰恰说明他们已经在思考：新的社会和时代背景下，怎样才能当好一个园长？随着国家教育改革的不断深化，学前教育也越来越受到重视，迎来越来越多的发展良机，当然也面临着越来越多的挑战。一方面，在市场经济条件下，如何使自己的幼儿园办出特色、树立品牌，从而能够在竞争激烈、百花齐放的大环境中站稳脚跟，长远发展，是所有园长必须考虑的现实课题；另一方面，在校长专业化的大背景下，园长专业化的呼声已初见端倪，公众对幼儿园园长的要求越来越高，怎样通过提升自身素养，进而提升幼儿园管理品质，推动幼儿园质量的全面提升，并最终促进幼儿的全面和谐发展，也是园长们不可回避的现实问题。所以，作为幼儿园的管理者、第一责任人，园长在幼儿园的改革和发展中，发挥着举足轻重的作用，不能觉得自己"业务"强就可以应对幼儿园发展过程中的所有问题，新的形势要求园长必须全面提升综合素养。

　　北京作为经济、文化、科技创新迅速发展的现代化都市，其幼教事业也发生着日新月异的变化。作为首都幼教改革的"火车头"，幼儿园园长们的专业水平决定着这列火车跑得有多快、跑的方向对不对。能不能在新的发展机遇中准确把握国家政策文件精神，做好幼儿园的整体规划？能不能在更为重视公共关系的社会背景下，协调各种关系，服务于幼儿园的对外宣传和品牌建设工作？能不能在家长整体素质提升、需求多样化的要求下，探索新的家长工作思路和方法？能不能结合幼儿园实际工作中遇到的困境，拓展资源渠道，运用科学思维研究出带有规律性的成果，提升幼儿园的整体科研水平？能不能在新教师成为保教工作主力的现实中寻求突破口，探索教师队伍建设的新模式，确保幼儿园保教质量的稳步甚至快速提升？能不能在国家日益重视幼儿身心健康发展的整体趋势下，切实做好幼儿卫生保健和安全管理工作……新的问题不断涌现，我们必须认真想一想：这些我们曾经思考过也取得了大量成果的工作，是否真正摸索到了规律？可以从中借鉴什么？如何在《幼儿园园长专业标准》的要求下真正发挥引领作用？这都是我们要继续深入研究的。

在这个机遇与挑战并存的时代，作为主管全园工作的领导者，园长肩负的责任、使命可谓任重道远。一个人成长为园长是不容易的，从初任园长到一名优秀园长短则需要三五年时间，长则需要六七年甚至更长时间。传统的师傅带徒弟式的传帮带方法仍不失为一种不错的方法，但在今天这样一个讲求成本和效率的时代，我们完全可以通过更加科学有效的方法，更快更好地促进园长的专业化成长，提升其领导力。因此，对幼儿园园长的领导行为、专业素养、专业能力进行研究，既是一个在幼教改革中必须面对的现实课题，具有重要的现实指导意义，也是一个事关幼教可持续发展的长远问题，具有深远的历史意义。

现代社会具有复杂性、多变性、随机性和竞争性，发展节奏快，新知识、新科学、新技术不断涌现。幼儿园并不与世隔绝，同样处于多变的社会之中，幼儿园的发展也要适应全面改革和社会发展的需要。所以，现代的幼儿园园长除了要拥有热爱幼教事业的情怀外，还需要有终身学习的意识，要在实际工作中通过不断学习、思考、再学习、再思考，掌握解决、处理各项园所事务的能力。

北京教育科学研究院早期教育研究所苏婧所长和她所带领的北京市学前教育兼职教研员队伍"园长管理组"成员，从 2013 年起致力于幼儿园园长专业素养、专业能力的研究。团队成员都是来自北京市各区县的教研员和名园长，在园长管理工作模式和专业发展等方面都很有心得，具有丰富的实践经验。这个团队在深入研究的基础上奉献给大家的这套《幼儿园园长专业能力提升丛书》，以扎实的理论知识结构为基础，以多年认真积累的实践研究为依据，总结提炼出 12 项园长胜任本职工作应具备的专业能力。书中对每一项专业能力的概念、基本原则、方法和途径等都进行了详细的论述，同时又通过大量的图示和鲜活的实例，让所述的内容变得生动活泼，便于理解和操作。对于幼儿园管理者来说，这 12 项专业能力既是要求，也是目标。他山之石，可以攻玉。虽然别人的经验并不能完全解决我们现实中遇到的问题，但是，借鉴别的园所好的经验，一定会有助于我们幼儿园园长的成长，帮助我们明确一个合格园长需要具备的基本能力和素质要求。同时，也会对我们科学系统地规划自己的园长职业生涯提供必要的指导，帮助我们成为全面而又专业的幼儿园管理者。此外，这套丛书也有助于我们澄清工作中一些认识不清的问题，提升我们的专业理论水平。

　　这套丛书是幼教工作者在幼儿园园长专业发展方面持续探索过程中的阶段性成果，它不仅给我们提供了借鉴，也为我们指引了方向。我相信，今后一定会有大量关于幼儿园园长专业发展的研究成果出现，这将对我们首都学前教育，甚至全国学前教育的发展产生积极的影响和促进作用。

北京市教育委员会学前教育处处长　张小红

2017 年 2 月

园长专业素养的研究框架、实施途径和策略

学前教育是终身教育的开端，是基础教育的基础，是国民教育体系的重要组成部分。办好学前教育，关系到亿万儿童的健康成长和千家万户的切身利益，关系到国家和民族的未来。

教育部颁发的第二个学前教育三年行动计划提出的重点任务是扩大总量、调整结构、健全机制、提升质量，而"提高幼儿园教职工的专业素质和实践能力，进一步规范办园行为，深入贯彻落实《3—6岁儿童学习与发展指南》，促进幼儿身心健康和谐成长"是其中的重要内容。"提升学前教育质量，是当前和今后学前教育必须努力的方向，对质量的追求是学前教育工作者必须不断付出努力的工作。"幼儿园园长作为幼儿园的第一责任人，其素质直接关系到幼儿园的发展及幼儿教育的质量。学前教育的内涵发展急需具有专业水准的园长队伍的支撑和保障。但是，由于历史原因，我们的园长职业资格准入要求不高，多由一线幼儿教师升任或由上级行政部门直接派遣，加之近几年扩大办园规模涌现了不少新任园长，缺乏全面、系统的专业培训，致使很多园长的实际能力和素质与园长管理工作的要求还存在一定差距，这在一定程度上限制了园长的专业发展，也影响到了幼儿园的科学、优质发展。

专业能力是园长专业化发展在教育实践中的集中体现，是保障其完成职业要求和工作职责的必要条件。园长的专业能力不同于中小学校长，因为中小学是以学科教学为核心的能力结构，而幼儿园必须凸显幼儿园保教结合、以游戏为基本活动的特点，以及环境、生活对幼儿发展的重要价值和独特作用。因此，幼儿园园长的专业能力结构是全方位的、多方面的，具有综合性特点。从新颁布的《幼儿园园长专业标准》看，幼儿园园长被定义为履行幼儿园领导和管理工作的"专业"人员。园长的专业发展水平直接影响到幼儿园的发展方向，直接影响到幼儿园教师的专业发展，直接影响到一个幼儿园的教育教学质量，并最终影响到幼儿的发展。

基于园长职业的特殊性和重要性，我们将研究的视角聚焦于此，拟基于幼儿

园管理实践现场，梳理幼儿园园长的专业素养结构和能力要求，提供有针对性的培养策略与支持途径，从而助力于高质量、专业化和可持续发展的学前教育实践管理者队伍的建设。在分析国内外文献的基础上，我们参考教育部颁布的《义务教育学校校长专业标准》《幼儿园教师专业标准(试行)》和《幼儿园园长专业标准》，从横向和纵向两个角度来构建幼儿园园长专业素养结构(见表1)。从横向来看，我们认为幼儿园园长专业素养结构包括四个方面，分别为研究维度、研究领域、每个领域所包含的支撑要素以及针对支撑要素所细化出的基本指标。从纵向来看，我们认为园长的专业发展是一个动态的过程，不同的园长有着不同的专业发展历程，这是一个不断变化着的、开放的系统，受到多种因素综合作用的影响和制约。园长专业素养是指园长为实现其园所管理目标、承担其园长角色时，在专业精神、专业知识和专业能力三个维度所需具备的素质及要求。其中，专业精神和专业知识都是相对固定的，是经过系统的培训和学习就能够基本具备的，是一种偏静态的素养构成。而专业能力则是灵活和可变的，而且具有鲜明的个性特色，是专业精神、知识以及指导下的行为三者的结合，是真正决定园长素养高低的关键要素。因此，我们将研究重点定位在园长的"专业能力"上，并将其分为"本体性能力"和"延展性能力"两方面。其中，"本体性能力"是指园长在胜任其岗位职责时所应具备的基本能力，而"延展性能力"则是对园长在专业发展的道路上提出的目标和努力方向。我们梳理出园长的专业精神、专业知识以及各项专业能力所涉及的"领域""要素""基本指标"，并进一步针对"本体性能力"整理归纳出更为清晰的、操作性强的培养策略与途径。这样，不仅能将动态和静态两方面因素有机结合起来，而且也能更加深入地把握园长专业素养的本质。

表 1　幼儿园园长专业素养结构

维度	领域	要素	基本指标
专业精神	专业理念	儿童观	对儿童发展整体性的理解与认识
			对儿童发展阶段性的理解与认识
			对儿童发展差异性的理解与认识
		教育观	对于教育本质的理解与认识
			对于教育目的的理解与认识
			对于教育方式、方法的把握
		职业观	对幼儿教育工作的态度与看法
			对于园长角色、职责的理解与认识
			对园长职业的规划

续表1

维度	领域	要素	基本指标
专业精神	专业品质	个性品质	具有主动、积极的品质
			具有诚信、公平、敢于担当的品质
			具有终身学习的意识
		职业道德	奉献精神
			爱岗敬业
			服务意识
专业知识	通识性知识	哲学基本知识	运用辩证唯物主义的观点看待问题
			系统性思维
		管理学基本知识	科学管理理论
			过程管理理论
			系统管理理论
			决策管理理论
		社会学基本知识	组织文化理论
			组织行为学理论
		法律法规基本知识	宪法相关知识
			民法相关知识
			经济法相关知识
			教育法相关知识
		财务基本知识	经费预算知识
			经费管理知识
		信息技术基础知识	有关教育技术发展趋势的知识
			教育技术的基本概念、基本理论知识
			教育技术与课程、教学开发相结合的知识

续表2

维度	领域	要素	基本指标
专业知识	专业性知识	教育学基本知识	课程、教学知识
			教育科研方法知识
		心理学基本知识	普通心理学知识
			发展心理学知识
		学前教育基本知识	学前儿童心理学知识
			学前教育学知识
			学前儿童卫生保健知识
			幼儿园课程知识
			幼儿教育科研方法知识
		幼儿园管理基本知识	幼儿园行政管理知识
			幼儿园保教管理知识
			幼儿园科研管理知识
			幼儿园总务管理知识
			家长工作知识
			教职工队伍建设知识
			文化建设知识
	实践性知识	园所文化建设知识	幼儿园文化特征的知识
			幼儿园文化创建的知识
		教育教学指导与评价相关知识	促进幼儿发展的知识
			促进教师专业发展的知识
		应激性知识	处理突发事件的知识
			危机管理知识
专业能力	本体性能力	政策把握与执行能力	掌握学前教育相关政策、法律法规
			了解学前教育发展趋势与改革动态
		园所规划、计划能力	了解、诊断幼儿园发展现状
			明确发展愿景、目标
			突出发展规划、计划重点
			保障发展规划实施

续表 3

维度	领域	要素	基本指标
专业能力	本体性能力	园所文化建设能力	建设园所精神文化
			建设园所物质文化
			建设园所制度文化
			建设园所行为文化
		保教工作指导能力	指导保教工作计划的制订
			指导保教工作的组织与实施
			对保教工作进行评价与反馈
		卫生保健工作指导能力	指导卫生保健工作计划的制订
			指导卫生保健工作的组织与实施
			对卫生保健工作进行评价与反馈
		课程领导能力	具有关于幼儿园课程及课程领导力的知识
			具有课程改革与实践的专业精神
			选择与规划幼儿园课程
			开发与建设幼儿园课程
			推动幼儿园课程实施
			组织和开展幼儿园课程评价
		教科研管理能力	发现、筛选研究问题,把握研究方向
			做好课题研究的过程管理
			总结、固化、推广教科研成果
		队伍建设能力	选拔、聘用教职工
			规划教职工队伍建设
			提升教职工队伍素质
			稳定教职工队伍
		指导家长工作能力	指导教师树立正确的家长工作观念,学习家长工作的基本方法
			关注教师与家长沟通能力的提升
			指导教师整合家长资源
		公共关系协调能力	与相关部门沟通、协调
			整合、利用资源
		安全管理能力	组织安全工作
			预见安全隐患并提前预防
			应对和妥善处理幼儿园突发事件
			指导开展幼儿园安全教育
			管理幼儿园信息安全

续表4

维度	领域	要素	基本指标
专业能力	本体性能力	后勤管理能力	指导后勤工作计划的制订
			指导后勤工作的组织与实施
			对后勤工作进行评价与反馈
	延展性能力	学习能力	信息的捕捉能力
			信息的筛选能力
			信息的加工、利用能力
		反思能力	自我监控能力
			自我评价能力
			自我调控能力
		创新能力	把握前沿能力
			批判思考能力

　　相对应提炼出的12项幼儿园园长应具备的本体性能力，我们又逐一细化出"基本指标"及"培养策略与途径"(见表2)，在明确园长专业角色的基础上，进一步对园长的工作内容进行分析，同时为园长专业能力的自我提升提供抓手。

表2　幼儿园园长专业能力(本体性能力)的培养策略与途径

专业能力 (本体性能力)	基本指标	培养策略与途径
一、政策把握与执行能力	1. 掌握学前教育相关政策、法律法规	(1)熟悉幼儿园政策、法律法规的基本体系，包括： ·国家层面的法律法规； ·国家部委颁布的条例、法规； ·地方政府、教育行政部门颁布的地方性幼儿教育法规。 (2)依法治园，包括： ·开展幼儿园相关政策、法律法规的宣传教育； ·营造依法治园的环境； ·加强制度建设，对幼儿园依法管理。 (3)维护幼儿园的合法权益，承担法律责任。
	2. 了解学前教育发展趋势与改革动态	(1)成为办园思想的领导者。 ·躬身实践，学会在实践中深入思考教育问题，让管理生"根"； ·不断学习，善于与自己、同伴对话。 (2)具有敏锐的教育洞察力。 ·广泛涉猎，扩宽自身的教育视野； ·善于发现问题，积极开展行动研究。

续表1

专业能力 （本体性能力）	基本指标	培养策略与途径
二、园所规划 与计划能力	1. 了解、诊断幼儿园发展现状	把握幼儿园发展现状，分析幼儿园发展面临的问题和挑战，形成幼儿园发展思路。
	2. 明确发展愿景、目标	树立正确的办园思想，把握办园方向。 ·坚持贯彻落实党和国家的教育方针，有正确的办园指导思想，能够带领教职工认真学习有关幼教工作的行政法规和规章，并努力付诸实施； ·及时纠正重教轻保、重智轻德、保教分离等违背教育规律、偏离教育目标的倾向，牢牢把握正确的办园方向。
	3. 突出发展规划、计划重点	充分听取园务会议和教职工的意见，组织专家、家长、社区人士等多方力量参与制订幼儿园发展规划，正确决策，科学制订本园工作计划。
	4. 保障发展规划实施	(1)依据发展规划指导教职工制订并落实学年、学期工作计划，提供人、财、物等条件支持。 (2)对计划的实施过程加强检查督促，及时发现和处理问题。 (3)善于总结经验教训，将有成效的措施与做法逐步标准化、规范化，充分发挥集体的智慧和力量，完成工作计划，实现教育目标，提高管理水平。
三、园所文化建设能力	1. 建设园所精神文化	(1)重视幼儿园精神文化建设，关注精神文化潜移默化的教育功能，提升对幼儿园的专业理解与认知。 (2)宣传幼儿园文化建设的基本理论，利用多种渠道，开展丰富多彩的活动，营造专业、科学、和谐的氛围。 (3)加强教师专业知识与方法的学习，引导教师丰富人文、自然知识，提升个人综合素养。
	2. 建设园所物质文化	(1)将安全放在首位，确保场地、玩教具等的安全，积极排查和消除环境中可能存在的不安全因素。 (2)整体设计，合理规划，满足幼儿、教职工的不同需求，营造和谐、统一的环境。 (3)因地制宜，从园所实际出发，整合家长、社区等多方资源。 (4)注重发挥环境的育人功能，重视物质环境创设中幼儿的参与及环境与幼儿的互动。

续表 2

专业能力 （本体性能力）	基本指标	培养策略与途径
三、园所文化建设能力	3. 建设园所制度文化	（1）召开党支部会、园务会、全体教职工大会等，帮助教职工明确制度建设的重要意义。 （2）发动全体教职工参与讨论，在统一认识的基础上制订合适的制度。 （3）建立健全各项规章制度。 （4）强化日常的过程考核，将考核结果与年终考核、调资、职评等挂钩。
	4. 建设园所行为文化	**幼儿园交往行动文化之——教师间交往** （1）和谐相处原则。要做到鼓励教师之间欣赏优点，包容缺点；真诚交流，建立信任关系。 （2）合作分享原则。要做到增加教师交流机会；慎用评比，不用一把尺子衡量。 **幼儿园交往行动文化之——师幼交往** （1）尊重幼儿原则。要做到接纳幼儿的年龄特点；鼓励幼儿大胆尝试；重视幼儿教师的情绪管理。 （2）关注幼儿个体差异原则。要做到接纳幼儿的不同个性特征；鼓励幼儿表达不同观点；敏锐发现幼儿的不同需求与变化。 **幼儿园交往行动文化之——家园交往** （1）平等相处原则。要做到鼓励换位思考，互相理解；满足不同家长的需求；谨慎谈论幼儿的不足。 （2）互动合作原则。要做到培养教师的积极态度；目标一致，合力合作；加强教师的沟通技能。 （3）深入交往原则。要做到增加交往的频率；丰富交往的形式。 **幼儿教师学习行为文化** （1）关注教师学习整体性原则。要做到提供充足有用的学习资源；园长与教师有效沟通，做到期待与理解一致；以多元化路径激发教师主动发展。 （2）尊重教师学习个体差异性原则。要做到倾听并了解教师的学习需要；提供差异化学习培训。 （3）重视教师反思能力原则。要做到鼓励参与式学习、探究式学习和反思训练；给予教师反思的时间。 （4）重视团队合作原则。要做到营造宽松的团队学习氛围；组织多元化的团体学习。 （5）支持教师自主学习原则。要做到给予教师可自由支配的时间；以教师为主导，改变单向的学习模式。

续表 3

专业能力 （本体性能力）	基本指标	培养策略与途径
四、保教工作指导能力	1. 指导保教工作计划的制订	(1)看计划，想实践。结合园长进班看实践获得的第一手材料、信息，审视保教计划的适宜性和可行性。 (2)听思路，细沟通。倾听业务管理者的想法和思路，通过研讨的方式共同制订工作计划。
	2. 指导保教工作的组织与实施	(1)随机和定时进班相结合。 (2)共同经历实践，研讨分析问题，寻找解决办法。 (3)注重个别沟通技巧，树立园长威信。
	3. 对保教工作进行评价与反馈	(1)通过自下而上和自上而下双向结合的方式研究、制定评价标准，开展教育教学工作评价、幼儿发展水平评价。 (2)确保评价过程的公开公正。 (3)对评价结果进行反思与反馈。 ·了解、分析和反思评价结果，予以奖励或查找问题原因，并改进、完善工作计划； ·针对问题与教师或班级进行个别反馈沟通，引导教师调整改进。
五、卫生保健工作管理能力	1. 指导卫生保健工作计划的制订	(1)加强领导，有序安排。 ·成立幼儿园卫生保健工作领导小组； ·制定园所卫生保健检查标准； ·依据标准定期对卫生保健工作进行检查； ·了解当前卫生保健情况，依据所发现的问题制订相应计划并有针对性地予以指导。 (2)明确任务，制订目标。 ·加强卫生保健人员的思想意识和学习，定期组织培训； ·针对上学期出现的问题以及可预知的问题，明确本学期的工作任务，根据任务制定本学期要完成的目标。 (3)突出重点，要求明确。 ·制订具体可行的措施，明确规定各项工作的内容及质量要求。
	2. 指导卫生保健工作的组织与实施	(1)明确卫生保健工作的任务与内容。 (2)加强卫生保健机构和设施建设。 ·配备专职保健人员，设保健室； ·重视卫生保健设施的配制，从行政上和经济上给予保障。 (3)完善卫生保健工作制度建设。 (4)加强卫生保健队伍业务能力建设。 (5)形成卫生保健工作程序。 (6)加强部门沟通与协作。 ·成立相应的协作组织(如膳食管理委员会、卫生检查小组、安全保卫小组等)，来完成各项卫生保健工作。 (7)建立家园联系，共促幼儿健康成长。

专业能力 （本体性能力）	基本指标	培养策略与途径
五、卫生保健工作管理能力	3. 对卫生保健工作进行评价与反馈	(1)完善检查与评价标准。 (2)多种评价方式相结合。 • 定期评价与不定期评价相结合； • 单项评价与综合评价相结合； • 阶段性评价与结果性评价相结合。 (3)建立科学的评价机制。 • 建立专门的考评小组； • 加强日常考评； • 完善考评程序。 (4)建立有效的反馈机制，及时反馈。 • 考核评价结果要及时公示； • 考核评价结果要正确反馈； • 考核评价结果要充分利用。
六、课程领导能力	1. 具备关于幼儿园课程及课程领导力的知识	(1)了解和反思课程领导和园长课程领导的概念、特征、构成要素、现实迫切性等。 (2)了解和反思幼儿园课程的概念、构成要素和我国幼儿园课程的历史发展等。 (3)结合实践进行反思和总结。
	2. 具备课程改革与实践的专业精神	(1)提升勇于课程改革和实践的自觉意识(专业自信、专业坚守、专业追求)。 (2)提升领导课程改革和实践的自主实践能力(研究幼儿、研究幼儿园课程、研究幼儿园文化)。 (3)促进自身在引领课程改革和实践的过程中不断自我超越(自我培训、专题培训)。 (4)不断反思，明晰课程的价值取向(把握关键要素，掌握方法策略)。
	3. 选择与规划幼儿园课程	(1)掌握课程选择与规划的原则，基于本园特点选择与规划课程。 (2)"博览"多家课程、多种课程表现形式。 (3)对比分析和深入分析，准确判断本园课程的现状和发展目标。 (4)在讨论和实践的过程中摸索、制订幼儿园课程规划，并着力实施规划。

续表 5

专业能力（本体性能力）	基本指标	培养策略与途径
六、课程领导能力	4. 开发与建设幼儿园课程	(1)深入认识和理解课程开发与建设的含义，尤其是理解园本课程的含义。 (2)认识和了解园本课程开发与建设的背景和条件。 (3)掌握园本课程开发与建设的原则、方法与策略。
	5. 推动幼儿园课程实施	(1)构建推动课程实施的领导体系。 (2)推动和保障课程实施的管理制度建设。 (3)遵循推动课程实施的原则（课程领导是核心，发挥教职工的主动性，系统推进，共同愿景）。 (4)在参与和指导课程实践中推动课程实施。
	6. 组织和开展幼儿园课程评价	(1)深刻认识幼儿园课程评价的重要意义。 (2)了解和掌握幼儿园课程评价的功能、对象与类型。 (3)遵循幼儿园课程评价的原则（功能多样性，评价主体多样性，诊断和改进性）。 (4)掌握幼儿园课程评价的组织方法与策略。
七、教科研管理能力	1. 发现、筛选研究问题，把握研究方向	(1)双向互动，聚焦关键问题。 ·园长从自身经验、入班观察记录、家长问卷、教师访谈和上级文件精神等出发，结合园所发展现状，初步确定可作为教科研专题的内容； ·教师聚焦本班幼儿发展、家长工作、教育教学、班级管理等方面存在的突出问题，通过教研组等向园长反映。 (2)借助外力，为我所用。 ·积极与园外科研机构、高校、研修部门及各级主管部门沟通，共同分析并明确幼儿园的教科研思路和基本方向，保证教科研思路的科学性和研究的可行性，提升教科研方向的引领性。 (3)客观分析，准确定位教科研方向。
	2. 做好课题研究的过程管理	(1)园长亲自参与研究，把握教科研过程。 (2)定期了解、检查各项教科研工作的开展情况，做好阶段总结。 (3)合理配置资源，人尽其才，物尽其用。
	3. 总结、固化、推广教科研成果	(1)定期对教科研成果进行总结和梳理，进行阶段性总结。 (2)通过专业期刊发表教科研成果，扩大影响效果和范围。 (3)通过观摩展示的方式，分享和交流经验，进而提高教师的教科研能力。

专业能力 （本体性能力）	基本指标	培养策略与途径
八、队伍建设能力	1. 选拔、聘用教职工	（1）明确实施原则： · 理念层面：以德为先； · 专业层面：结构合理； · 方法层面：秉持原则； · 全局层面：可持续发展。 （2）选拔与聘用教师的实施途径与方法： · 要关注教师所实习的幼儿园的评价； · 要关注教师对面试问题的回答； · 需要借助一定的工具，有针对性地了解教师； · 保持开放的心态； · 与高校合作培养、选拔； · 要关注园所的可持续发展和人的可持续发展； · 要关注教师成长的关键期； · 要关注教师队伍中的特殊群体。
	2. 规划教职工队伍建设	（1）明确实施原则：先进性、前瞻性、计划性、独特性。 （2）教师队伍规划的实施途径与方法： · 进行教师队伍现状分析； · 明确教师队伍规划的理念与目标； · 明确教师队伍规划的具体思路与措施：自上而下型；自下而上型。
	3. 提升教职工队伍素质	（1）明确实施原则：师德为先、以人为本、质量为先。 （2）提升教师队伍质量的实施途径与方法： · 重视师德建设，提高教师道德素质； · 完善培训机制，有效支持教师专业发展； · 完善教师管理机制，调动教师工作积极性； · 促进教师专业化发展，提升教师队伍质量。
	4. 稳定教职工队伍	（1）明确实施原则：自主原则、幸福原则、服务原则、发展原则。 （2）稳定教师队伍的实施途径与方法： · 环境育人，文化聚人； · 双激励，满足教师需要； · 成就自我，享受幸福； · 心有所属，体验归属感。

续表 7

专业能力 (本体性能力)	基本指标	培养策略与途径
九、指导家长工作能力	1. 指导教师树立正确的家长工作观念，学习家长工作的基本方法	(1)引导教师树立家园共育的意识，明确家园合作的重要性。 (2)引导教师树立正确的家长观，明晰家长的角色定位，对不同类型家长进行分析，采取有针对性的工作方法。 (3)建立有效的家长工作制度和流程，比如，形成家园联系的"三会"模板： ·新教师家长工作的难题分享会； ·经验型教师家长工作的创意会； ·骨干教师家长工作的微课展示会。 (4)引导教师逐步掌握家园形成合力四部曲： ·"拽"出来的前奏； ·"顺"出来的精彩； ·"引"出来的高潮； ·"牵"出来的完美。 (5)指导教师学习、掌握家长工作的基本方法： ·讲课式指导和活动式指导相结合，以活动式指导为主，增强家长的主动性、参与性； ·选择家庭中教子有方的家长组成骨干队伍，促进指导活动的互补性； ·随机指导、个别指导和集体指导有机结合，提高指导活动的针对性。
	2. 关注教师与家长沟通能力的提升	(1)提升教师的沟通意识，通过案例分析、问题解答等引导其学习家园沟通的艺术，丰富其家园沟通的策略与方法。 (2)搭建现代化的家园沟通平台(如 APP、微信公众号)，增强家园沟通的便捷性、实效性、情感性。 (3)开展多种形式的家园沟通： ·随机面谈，彰显师者的智慧； ·集体沟通，亮出专业的水准； ·电话沟通，提纲挈领先梳理； ·书面沟通，传递浓浓的关爱； ·网络沟通，拉近心与心的距离； ·短信沟通，换位思考的理解； ·环境沟通，潜移默化的表达； ·家访沟通，倾听家庭的故事。

续表8

专业能力 （本体性能力）	基本指标	培养策略与途径
九、指导家长工作能力	3. 指导教师整合家长资源	(1)明确利用家长资源的原则： · 机会均等原则； · 双主体原则； · 幼儿为本原则； · 家园双促进原则。 (2)发挥家长的主观能动性，以多样化的形式、灵活多变的方法引领家长参与到教育中： · 家长委员会——人尽其才，资源互补； · 家长志愿者——凝心聚力，牵手前行。
十、公共关系协调能力	1. 与相关部门沟通、协调	(1)谦虚谨慎，好学多问。 · 要不断学习，掌握较为广博的知识，吸收各方面的信息。 (2)主动应对，用足政策。 · 注重采取多种形式与公众交往，并在交往中促进了解，沟通感情，促进发展； · 要主动、积极地宣传国家相关的法律法规和本园的办园理念、成果，争取各级领导、相关部门的重视和支持。 (3)长期规划，适度宣传。 · 建立幼儿园对外合作与交流机制，开放办园，形成幼儿园与家庭、社会（社区）及其他园所间的良性互动； · 加强幼儿园与社会（社区）的联系，利用文化、交通、消防等部门的社会教育资源，丰富幼儿园的教育活动； · 引导家长委员会及社会有关人士参与幼儿园教育、管理工作，吸纳合理建议。
	2. 整合、利用资源	(1)在观念上，树立任何资源都是可用的现代管理理念。 (2)在眼界上，要具有开阔的视野和独到的眼光。
十一、安全管理能力	1. 组织安全工作	全面了解幼儿园安全管理的基本形式和主要问题，对幼儿园安全工作的重要性有全面、深刻的认识。
	2. 预见安全隐患并提前预防	(1)建立科学、规范的安全管理体系。 (2)把安全教育融入一日生活，定期组织开展多种形式的安全教育和事故预防演练。

续表 9

专业能力 （本体性能力）	基本指标	培养策略与途径
十一、安全管理能力	3. 应对和妥善处理幼儿园突发事件	制订幼儿园安全应急预案，如公共卫生事件预案、社会安全事件预案、自然灾害安全预案、应急演练预案。
	4. 指导开展幼儿园安全教育	(1)面向不同人群开展幼儿园安全教育： ·对教师的安全教育； ·对幼儿的安全教育； ·对家长的安全教育。 (2)开展多种形式的幼儿园安全教育： ·文字资料的宣传教育； ·事故案例的宣传教育； ·亲身体验的宣传教育； ·走出去培训与请进来培训结合的宣传教育； ·日常生活中的安全教育。
	5. 管理幼儿园信息安全	配备专职人员管理网络，并对本单位的网络使用情况进行监督、检查。
十二、指导后勤工作能力	1. 指导后勤工作计划的制订	基于已有成绩，预测未来发展，制订切实可行而又鼓舞人心的必达目标，做到"长计划，短安排"。 ·集思广益汇问题； ·七嘴八舌说计划； ·管中窥豹订计划； ·逐层递进做计划。
	2. 指导后勤工作的组织与实施	(1)利用心理效应，营造适度、规范的激励环境。 ·瓦拉赫效应：资源优化配置； ·共生效应：前勤后勤齐心做； ·蝴蝶效应：精益求精共努力； ·鲶鱼效应：不拘一格降人才； ·南风效应：心平气和破难题； ·扁鹊兄弟治病：未雨绸缪有规划。 (2)认识"四个理解点"，强化"创新型"人才的培养。 ·理解前瞻性的教育观点； ·理解园所文化理念； ·理解幼儿的年龄特点； ·理解教师的思维特点。

续表 10

专业能力 （本体性能力）	基本指标	培养策略与途径
十二、指导后勤工作能力	3. 对后勤工作进行评价与反馈	(1)深入一线，发现问题，现场指导，及时纠错。 ・奖惩机制人性化； ・奖惩机制公开化； ・奖惩机制可操作化。 (2)开展不同类型的过程评价，如幼儿评价、教师评价、园所评价、自我评价、社会资源评价。 (3)搭建平台，进行多样化学习。

园长的专业发展，是对幼儿园园长职业的重新定位，对园长胜任岗位职责应具备的专业精神、专业知识和专业能力提出了更高的要求。通过与北京市一百多位优秀幼儿园园长的共同研究与探讨，分析影响园长专业发展的综合性因素，挖掘影响其专业发展的多种因素，探讨促进园长专业发展的策略，我们最终搭建出园长专业素养的结构框架，并在此框架的基础上编写成本套《幼儿园园长专业能力提升丛书》。丛书以领导力理论和心理学相关研究为新的理论支撑，目的是帮助广大园长从优秀园长专业发展历程中借鉴经验，明确专业发展意识，从而有目的地确定努力方向，从根本上促进园长个人专业发展，进而推进园长职业群体的专业化进程，实现园长专业化；同时为园长专业发展的研究提供事实和理论依据，也为学前教育管理研究奉献绵薄之力。

本套丛书包括 11 本分册，涵盖 12 项幼儿园园长应具备的专业能力（其中，政策把握、规划制订两项能力合为一册）。书中不仅系统梳理了每项专业能力的组成要素、培养策略与途径，而且贯穿设计了案例分析、办园经验分享、拓展阅读资料等多样化的板块，力求使这些专业能力真正做到"看得见，摸得着"，使处于不同发展阶段、不同类型幼儿园的园长更清晰地了解自己所从事岗位的专业要求、内涵以及实施路径，最终达到促进园所保教质量提高，促进幼儿全面、健康、快乐发展的目的。

参与本套丛书编写的作者都是北京市学前教育兼职教研员队伍"园长管理组"的成员。丛书是这个团队全体成员在四年的研究和探讨中，系统梳理工作经验、感悟和思考，提炼而成的有教育理念支撑、有研究过程思辨、有实践经验提升的教育成果。可以说，每一项专业能力都能体现和运用于园长与幼儿、与教师、与家长、与行政部门相处的过程中，每一本书都蕴藏着教育的智慧，都能带给人新的思考。更进一步说，本套丛书是"园长管理组"全体成员对我们所热爱的幼教事业的真诚回报。感谢参与编写的幼儿园园长、教研员以及提供案例支持的幼儿园。主编苏婧负责了整体策划及全书统稿工作。

由衷地感谢北京师范大学出版社罗佩珍编辑，在时间紧、任务重的情况下，正是由于她努力工作，认真负责，本套丛书才得以顺利问世。

期待着《幼儿园园长专业能力提升丛书》能为幼儿园管理者们提供有益的参考，也衷心希望幼教同仁提出宝贵意见。

苏婧

2017 年 2 月

　　宋代大学问家朱熹在《观书有感》中写道："半亩方塘一鉴开，天光云影共徘徊。问渠那得清如许？为有源头活水来。"半亩大小的池塘总能保持清如明镜的状态，映出天光云影，呈现出让人赏心悦目的美景。而池塘之所以如此清澈，是因为源头有活水不断注入。幼儿园作为人生最初阶段学习与受教育的场所，就像朱熹笔下的半亩方塘一样是个小小的天地，但这小小的天地却承载着两个层面的重要任务：一是实施科学的保教管理工作，促进学前教育质量不断提升；二是办好幼儿园，让儿童健康快乐地成长，接受教育，为儿童的一生留下幸福美好的童年记忆。在这小小天地中，园长肩负着引领整个园所不断创新与发展的重任，必须要为幼儿园发展注入可持续发展的动力。众所周知，幼儿园的工作是庞杂而琐碎的，那么，在幼儿园方方面面的工作中，哪些才是影响幼儿园发展的关键问题与重中之重呢？面对千头万绪的工作，园长要能够分辨并抓住影响幼儿园质量发展的源头与根本问题，学会有所为有所不为，兼顾日常工作管理与幼儿园不断向前发展的双重需要。

一、保教管理工作是幼儿园发展的源头

　　在幼儿园的众多工作中，到底哪一项才是推动幼儿园发展的源头和根本呢？幼儿园教育的对象是天真稚嫩的儿童，他们正处于快速生长发育的时期，身体和心理尚未发育完全，对于自然环境和社会环境的适应能力较差，对疾病的抵抗力低，心理承受力较弱。3～6岁儿童的身心发展规律与学习方式，决定了幼儿园教育与其他阶段教育相比具有截然不同的特质。《3～6岁儿童学习与发展指南》指出，幼儿园教育应在幼儿教育阶段深入推动素质教育的实施，促进每一个幼儿身心全面和谐发展。而儿童身心全面和谐的发展需要建立在幼儿教育者了解3～6岁幼儿学习与发展的基本规律和特点，建立对幼儿发展的合理期望，实施科学的保育和教育的基础上。因此，幼儿园的各项工作都要遵循保教并重、保教结合、以保促教的原则，坚守保教工作这个重心与核心，将其作为幼儿园发展提升的源头与保障。只有抓住保教管理工作这个源头并不断探索科学实施保教工作的方法、规律，才能真正确保幼儿园的可持续发展。

二、保教管理工作是幼儿园发展的活水

《幼儿园园长专业标准》中指出："园长作为幼儿园改革与发展的带头人，担负引领幼儿园和教师发展的重任。把握正确办园方向，坚持依法办园，建立健全幼儿园各项规章制度，实施科学管理、民主管理，推动幼儿园可持续发展；尊重教师专业发展规律，激发教师自主成长的内在动力。"这就指明了园长在幼儿园各项工作中的角色，园长作为园所发展的带头人，既不是事必躬亲的执行者，也不是发号施令的传令官，而是要通过"了解政策""把握方向""健全制度""科学管理"等一系列行为、手段，提升管理意识与能力，带动和激发业务干部以及广大教师的工作热情，以点及面地解决制约保教质量发展的难题。在一所幼儿园的发展过程中，影响保教工作质量提升的因素有很多，但一名园长的力量却是有限的。因此，园长应避免事无巨细事必躬亲，要从提升自身指导保教工作的能力入手来培养团队骨干，通过层层管理、层层落实，确保幼儿园保教工作质量获得发展与提升。唯有这样才能激发幼儿园发展的活力，让管理干部的业务能力与幼儿园保教质量同时获得提升。

三、如何让保教管理工作这一源头之水活起来

保教工作是幼儿园获得发展的根基与源头，科学的保教管理是幼儿园办园质量不断优化与提升的活水。那么，如何才能让源头之水活起来，让保教管理在幼儿园发展中起到重要作用？这就需要作为幼儿园发展第一责任人的园长对保教管理工作的重要性有清晰、正确的认识，能够把握政策，完善机制，促进保教干部科学实施保教工作，能够科学评价并指导保教工作。这些能力是针对园长专业化发展提出的标准与要求。可见，园长管理和指导保教工作的专业化水平和能力是优质办园的重要条件。由于保教工作涉及幼儿园发展的方方面面，园长必须能够在幼儿园保教管理工作中找到制约园所发展的要害，抓住源头与要害，通过提升自身指导保教工作的能力，以点及面地推进幼儿园保教工作向着科学、持续、不断创新的方向发展。要使保教工作成为一潭"活水"，离不开园长对保教工作专业、科学的指导，笔者认为可以从以下三个方面做起。

一是正三观。对于学前教育工作者来说，三观是指教育观、儿童观和学习发展观，园长在指导幼儿园保教工作过程中把握住正确的教育观、先进的教育理论，遵循教育规律、儿童学习与发展的特点和规律，不急功近利地渗透和落实办园理念。园长对三观的把握能帮助教职工更好地理解新观念，大胆地在实践中探索尝试，为整个幼儿园带来积极改变和不断向前发展的氛围，使保教工作向着正确的方向发展。

　　二是抓落实。衡量一所幼儿园质量的高低除了要有说得出来的先进理念支撑，更重要的则是这些理念是否能在幼儿园保教工作，如一日生活、游戏活动、家园共育、大型活动的开展中得到点点滴滴、方方面面的体现。因此，园长对保教工作的管理和指导需要做到缜密、周到、细致，对每项工作哪怕是很小的活动都要严密规划，精心设计，使保教管理工作完整、严密。

　　三是常反思。一名优秀的园长不仅是领导者、研究者、实践者，更应是一名反思型的园长，因为制约幼儿园发展的问题就隐藏在幼儿园各项保教工作之中。园长必须经常走到保教工作一线，观察和发现问题，在反思中寻找教育的生长点，在反思中寻求保教质量的突破点。只有"一日三省"，不断分析问题与不足，不断地在保教工作实践中智慧地尝试与探索，才能实现将先进理念与远大教育理想对接、融合的目标。

　　本书是"幼儿园园长专业能力提升丛书"之一。园长指导保教工作的能力是一名园长所应具备的专业能力中最基本也是最重要的能力之一。本书共分四章，第一章阐述了园长指导保教工作的专业内涵及对保教工作的理解。第二章从园长指导保教工作所应具备的专业知识出发，阐述了园长在指导幼儿园保教工作管理中应具备的专业思考与意识。第三章对比国内外对园长专业能力的要求，浅谈园长指导保教工作应该具备的专业能力。第四章阐述了园长指导保教工作的具体方法及策略。本书收录了多篇幼儿园园长指导保教工作的案例，希望借助理论并联系实践对园长指导保教工作的专业能力进行剖析，帮助园长树立科学的管理意识，提升专业素养和能力。

　　园长指导保教工作的专业能力不仅是园长个人领导力、专业能力提升的需要，更是解放教师生产力，优化课程，支持儿童发展，提高园所整体工作水平的需要。园长只有具备了科学指导保教工作的专业能力，才能够为幼儿园发展引入活水，在保教工作中为园所的优质发展寻求不竭动。

　　本书主要由北京市西城区教育研修学院学前教育教研室主任陈立、北京市西城区三义里第一幼儿园园长刘晓颖、三义里第一幼儿园教师汪苑编著，其他参与编写的人员主要有：空军蓝天宇锋幼儿园园长姚丽红、西城区洁民幼儿园原业务园长尹陆明，她们共同参与本书第四章第二节大型活动和家园共育部分的编写工作；西城区教育研修学院教研员丁文月、顾春晖、西城区曙光幼儿园业务园长汪京莉在园长指导保教计划制订和指导评价、进班指导部分贡献了一些观念和文字。除此之外，真心感谢以下幼教同行及其所属幼儿园为本书倾情提供宝贵的案例、管理经验以及保教相关文本资源（排名不分先后）：北京市丰台区第一幼儿园朱继文园长、北京市东城区大方家回民幼儿园蔡秀萍园长，北京市西城区三教寺幼儿园、中国儿童中心幼儿园园长杨彩霞、业务园长薛杨，在此向你们表示衷心的感谢！因为你们资源的共享，让本书的内容更生动，更具实践的价值。

本书在编写过程中，引用了一些专家和学者的著作，在书中均标明了出处，在此真诚地向您表示感谢！最后，感谢北京教育科学研究院早教所苏婧所长、北京师范大学出版社罗佩珍老师及其团队给予这样的机会，能够参与编写这套幼儿园园长专业能力提升丛书是我们最大的荣幸！向你们的热情支持和大力协助表示诚挚的谢意！

本书在编写过程中难免有不足之处，望广大读者批评指正。

北京市西城区三义里第一幼儿园

刘晓颖

2017 年 1 月

目　录

第一章　园长指导保教工作的专业理解与认识

近年来，随着国家对学前教育的高度重视，社会对学前教育的高度关注，幼儿园的硬件条件得以不断改善，在幼儿园基本条件得到保障的前提下，人们开始关注幼儿园的软件建设，即幼儿园工作的质量。幼儿园之间的竞争也更多地反映在质量竞争上，以质量求发展成为当前广大幼儿园努力和奋斗的方向。

保教工作是幼儿园全部工作的核心，直接关系到幼儿的发展和幼儿园工作质量，它是一所幼儿园在社会生存立足的生命线，是幼儿园工作的重中之重。《幼儿园工作规程》（以下简称《规程》）中明确规定："按照保育与教育相结合的原则，遵循幼儿身心发展特点和规律，对幼儿实施德、智、体、美等方面全面发展的教育，促进幼儿身心和谐发展。"同时，还要"充分尊重幼儿的个体差异，根据幼儿不同的心理发展水平，研究有效的活动形式和方法……"可以看出，《规程》对幼儿园的保教工作提出了较高的质量要求。园长对保教工作的专业理解与认识、指导保教工作的专业能力与水平决定了幼儿园保教工作发展的前景和方向。在充满变革的 21 世纪，园长不断提升自身指导保教工作的专业化能力与水平成为刻不容缓的任务。

第一节　园长指导保教工作专业化的内涵与意义

有的园长会认为，按照幼儿园管理运行机制，园长主要负责全面管理，保教工作管理主要是由业务管理者负责，所以保教工作质量是业务管理者的事情，园长不用管。诚然，设置业务管理者这一管理层的目的，就是让保教管理有专人负责，使保教工作质量有保障，这也是幼儿园层级管理的目的。但是园长是幼儿园发展的第一责任人，园长和保教工作作为幼儿园工作两个层面的主要核心，在幼儿园管理系统中起着"核心、主导和决策"的作用。因此，园长必须在保教工作方面成为管理专家，给予业务管理者、教师们正确的方向引领、科学的方法指导、严谨的过程监督、客观的评价反馈，以提升幼儿园科学发展水平。

一、园长指导保教工作专业化的内涵

2015 年 1 月，教育部为促进幼儿园园长专业发展，建设高素质幼儿园园长队伍，深入推进学前教育改革与发展，根据《中华人民共和国教育法》等有关法律法规，颁布了《幼儿园园长专业标准》（以下简称《标准》）。《标准》提出，"园长是履行幼儿园领导与管理工作职责的专业人员"，要"积极推进保育教育改革"，"掌握国家关于幼儿不同年龄阶段的发展目标和幼儿园保育教育目标"，"落实国家关于保育教育的相关规定，立足本园实际，组织制定并科学实施保育教育活动方案"，"建立园长深入班级指导保育教育活动制度，利用日常观察、观摩活动等方式，及时了解、评价保育教育状况并给予建设性反馈"，"领导和保障保育教育研究活动的开展，提升保育教育水平"。《标准》指出，园长要将这些标准作为自身专业发展的基本准则，不断提升专业发展水平，努力成为学前教育和幼儿园管理专家。

而如何判断园长指导保教工作的专业化水平，笔者认为可以从以下几方面考量。

(一)具有先进教育理念和管理理念

园长应具有社会责任感和使命感，坚持幼儿为本的办园理念，把促进幼儿快乐健康成长作为幼儿园保教工作的出发点和落脚点，才能让幼儿在园的每一个一日生活过得快乐而有意义。除此之外，在管理上，园长应该善于发挥个人的主动性，利用管理的策略以及自身的魅力激发和调动员工工作的积极性，倘若能够将管理寓有形于无形中，便是管理的至高境界。

(二)具有一专多能的知识结构

幼儿园保教工作涉及教育、心理、健康、科学等方方面面的知识。因此，园长的专业化知识结构应是一种通识型、通才型、一专多能的知识结构。园长应树立终身学习的观念，不断优化自身专业知识结构，提高科学文化及艺术素养。园长的知识结构越丰富，幼儿园的保教工作就越能得到发展进步。

(三)具有保教管理的专业能力

园长作为幼儿园改革与发展的带头人，担负引领幼儿园和教师发展的重任。园长在保教管理中不仅要发挥领导力和执行力，最重要的是发挥自身的专业能力，包括对幼儿园整体保教工作现状的敏锐观察能力，科学深刻的诊断评估能力，以及进一步推动幼儿园保教工作深入开展的组织指导能力，等等。这些能力是在园长不断反思、调整的过程中逐渐习得的，只有不断完善指导保教工作的各项能力，园长才能领导幼儿园保育教育工作向着更细、更精、更深的方向发展。

(四) 具有保教管理的智慧与艺术

保教管理的智慧与艺术是复杂、繁重的保教工作对园长提出的要求，园长对保教工作的管理与指导不只是简单地了解保教知识，获得保教管理经验，熟悉保教工作流程，等等，园长还必须要具有发现保教管理工作问题的敏锐性和判断力，要有灵活处理问题的思维，要有把握保教管理时机的机智，更要有亲和力、说服力、影响力等专业魅力。

(五) 具有终身学习的观念

园长要能够认识到，只有不断学习才能不断改进保教工作，促进保教工作发展。园长要积极参加理论学习及各种专业研习活动，把学习当作提高自身专业化水平及幼儿园保教工作质量的重要途径。

园长指导保教工作的内涵并不是要求像业务管理者那样对保教工作管理事无巨细都要思考和操心，事事亲力亲为。园长要意识到，专业化可以帮助自己避免因自身好恶影响保教管理工作。例如，现在有很多园长或业务园长本身都是从优秀教师成长起来的，这样的园长从内心就脱离不开对实践工作研究的热情，但是，作为园长在指导业务干部开展保教工作时，如果不能正确认识自身的角色，必然会出现顾此失彼的问题。园长指导保教工作应对保教工作全面认识，对保教质量管理保持高标准、严要求，对一线保教工作质量做到心中有数，帮助保教管理者把握好发展的机遇，为幼儿、教师发展及保教质量提高提供强有力的支持与保障。

二、园长指导保教工作专业化的意义

园长指导保教工作的专业化无论是对幼儿发展、自身专业成长，还是对幼儿园各层次教职员工都具有很多现实意义。园长作为国家教育方针的执行者、全园发展规划的主要设计师，可以通过对保教工作的指导，了解国家要求、规划、计划落实的实际情况，了解幼儿园质量的优势和不足，从而掌握第一手资料。同时，专业化强和保教工作经验丰富的园长可以以点带面，通过适时适度的点拨更好地锻炼和培养干部和教师队伍。园长通过指导保教工作可以直观地了解幼儿园发展的实际问题，为调整改善管理工作提供实践依据。

园长指导保教工作的专业化的发展过程就是园长对自身专业的角色认同过程。园长对保教工作的关注，可以帮助园长在幼儿园最专业的领域不断领悟，不断实践，积累经验，提高素质和能力，强化专业形象，逐步缩小与专家的差距，以专业的形象塑造整体职业气质和素养。

园长指导保教工作的专业化发展过程，意味着园长不再仅仅扮演管理者、指挥者的角色。保教工作的复杂性为园长专业化发展提供了最好的平台。园长通过指导保教工作可以有更多机会成为活动的参与者、教育的服务者、关系的协调者、发展的同行者。和教师们、家长们沟通、交流，可以让园长成为更为专业的管理者。

园长指导保教工作的专业化的发展过程，使园长成为园所发展的资源联结者。保教工作质量提升，需要人、财、物的支持与保障。园长关注保教工作的管理必定可以清楚地了解教师们的需求、孩子们的需求、家长们的需求。园长是幼儿园里掌握社会资源最为丰富的第一人，当园长了解到哪些需求可以通过哪些资源解决时，势必会扮演沟通者、协调者的角色，最大限度地开发利用各种资源，争取各方面的力量，支持幼儿园各项保教活动的开展，有力地促进保教质量得到提升。

园长指导保教工作的专业化的发展过程，是园长"有效"的专业知识积累过程。所谓"有效"的专业知识，指的是园长在长期思考、探索和解决问题的过程中形成的，是经过实践检验并真正内化了的知识。从专业知识结构的客观性看，园长专业知识结构的形成需要自我诊断和反思；从有效的要求看，园长专业知识结构的形成不可能完全靠培训形成，需要园长在实践中有自主的探索和努力。园长通过解决保教工作出现的问题，完成知识、经验的建构，尝试运用已有经验和知识解决问题，进而形成新知识，通过"问题解决"发展自身的专业知识。

第二节　园长指导保教工作的原则

◆ 一、幼儿园保教实施基本原则

从保育教育工作在幼儿园的正常实施上来讲，幼儿园开展保育教育工作，需要遵循保教结合、游戏为基本活动、一日生活皆课程的三大原则，这也是幼儿园保教管理应当遵循的重要方面，认识幼儿园的保教工作就必须从了解这三大原则入手，这是幼儿园保教工作的基础。

（一）保教结合的原则

"保育和教育是幼儿园教育的两大方面，各有自己的主要职能，但是保育和教育又必须是相互结合、相互统一的，这是幼儿身心发展决定的。保教合一的原则是幼儿园教育的基本原则，忽视其中任何一方面都将影响幼儿的健康发展"①。那么，幼儿园的保和教指的是什么呢，保教结合又是怎样实现的呢？

幼儿园的保教工作中的"保"就是保护幼儿的健康。《幼儿园园长专业标准》指出，园长首先要"把幼儿的安全和健康放在首位，对幼儿发展有合理期望"。这里的健康包括身体方面、心理方面、社会方面。幼儿园保教工作中的"教"即幼儿园的教育教学，是按照德、智、体、美的要求，有目的、有计划地对幼儿进行全面发展的教育。

保教工作的实施原则是保教结合，即保中有教，教中有保。实现保教结合即需要园长在全园总体规划上有全面的顶层设计和实施策略，更需要指导业务管理者通过管理、研究使保教工作通过计划的组织实施去落实，在实践中积极去探索，才能真正帮助教师树立起保教结合的意识和责任，掌握基本方法，让幼儿在科学的保教管理工作中获得全面、健康、主动的发展。

（二）游戏为基本活动的原则

游戏是小孩子的工作，玩具是幼儿的教科书。游戏对于幼儿"如同工作对于成人、学习对于青少年一样重要，因为它最符合幼儿的心理特点、认知水平、活动能力，能最有效地满足幼儿的需要，促进幼儿的发展，因此对幼儿有着不可替代的发展价值"②。幼儿的学习和发展是在游戏中进行的，游戏是幼儿最主要的活动，这也就意味着幼儿在园的大部分时间是在游戏中度过的，幼儿是通过游戏和生活学习的，而不是大量的课堂集体教学，这是幼儿园教育与学校教育有很大差别的地方。因此，《幼儿园园长专业标准》指出，幼儿园要"珍视游戏和生活的独特价值，尊重和保护幼儿的好奇心和学习兴趣。"如此，幼儿园无论是环境创设，还是活动开展方式都与学校不同。幼儿园以游戏为基本活动，园长要首先明确以下几点：一是游戏是幼儿的权利。幼儿园必须保证幼儿有充分的时间、空间开展游戏，保证幼儿这一权利的实现，任何侵犯幼儿游戏的权利的做法都是错误的。二是幼儿园要创设良好的游戏环境，游戏环境中的两大要素——精神环境和

---

①②李季湄，肖湘宁．幼儿园教育［M］．北京：北京师范大学出版社，1997：27-28.

物质环境都要有利于幼儿主动性、创造性的发挥。精神环境要宽松、自主、平等，让幼儿有自由、自主选择游戏内容、材料、扮演角色、伙伴等的时间和空间。让幼儿有充分的时间和空间去探索、体验、发现，去交往和适应生活，体会人与人的相处、冲突和问题的解决，获得相关经验和良好学习品质的锻炼和培养，这是很好的社会教育途径。三是幼儿园的物质环境要丰富、有趣味且富有挑战性，玩具材料要高结构和低结构并存，能满足不同层次幼儿的发展需要，支持幼儿主动学习，获得全面的锻炼和发展。"游戏在幼儿园既是内容又是手段，同时也是幼儿一日生活的主要内容，而不是作业课后的休息或其他活动的调节"①。也就是说，不能把游戏作为集体教学活动的附加品和对幼儿的"赏赐""加餐"来看待、处理，而是应该当作能让幼儿"吃饱"的幼儿的"正餐"来看待。园长办园首先要办的是幼儿的游戏天地和乐园，是贴近幼儿生活的温馨、温暖的家园，而不是学校，要防止和克服幼儿园"小学化"倾向。这是园长指导保教工作应该遵循的基本原则和方向。

（三）一日生活皆课程的原则

"幼儿园一日生活皆课程"，这在本套丛书中的《为教育涂色——园长课程领导力的提升》里会有重点详尽的论述。在这里，园长要从保教工作的角度去理解这一原则。"幼儿园一日生活是指幼儿园每天进行的所有教育活动"包括生活环节、室内外游戏、集体教育活动等。这些活动的每一部分都有它独特的教育价值，幼儿园要通过合理的、科学的安排将各种活动有机地融合为一个整体，对幼儿的健康发展发挥重要作用。其中，不要忽视幼儿的生活活动在促进幼儿健康发展中的重要作用。因为幼儿是在生活中学习，在学习中生活的，生活即幼儿的学习，这不仅有利于当前幼儿健康发展，形成良好习惯，更有利于幼儿未来学习和发展。这就要求幼儿园的各种活动要尽量贴近幼儿生活，在生活中进行，让活动来源于生活，又能回归幼儿生活，让幼儿学会生活，学会生存。例如，某幼儿园大班幼儿刚刚升班，班级常规的建立就是教师和幼儿一起商量制定的，生活环节中什么时候做什么事，都有幼儿选取的音乐做信号。这个过程就是幼儿在学习了解规则的意义以及如何制定规则以保障自己和伙伴更好地生活，在共同讨论中幼儿感受到了民主的氛围，学会互相接纳、听取他人观点、达成共识等，这都是幼儿在生活中的学习。

---

① 李季湄，肖湘宁．幼儿园教育[M]．北京：北京师范大学出版社，1997：28．

这些原则是园长在指导保教工作中必须要了解和把握的幼儿教育最基本的原则。同时还要知道，使幼儿得到德、智、体、美全面发展是我国教育的根本目的。幼儿都有人格尊严和合法权益，他们有自身个性和特点，尊重幼儿自身的特点进行教育才能收到良好的教育效果。

二、幼儿园保教管理基本原则

除此之外，园长作为幼儿园保教管理工作的最高领导者、关键问题的决策者，在指导保教工作正常开展的过程中，落实到指导上，还应该遵循导而不代、统筹兼顾、循序渐进、自上而下和自下而上相结合的原则。

（一）导而不代的原则

园长虽是幼儿园保教管理的第一责任人，但却不是第一执行者。园长在指导保教工作的过程中，要突出指导的角色，不能事必躬亲，更不能包办代替。这样不仅能发展人、成就人，切实维护业务管理者工作的自主性，最重要的是能让自己集中精力解决影响幼儿园发展的主要矛盾，避免因事必躬亲而陷入琐碎繁杂的日常事务之中。

保教管理者作为保教工作管理的主要负责人，他们是保教管理的主体，园长在指导中要注意充分发挥业务干部的自主性。园长要引导他们围绕园所保教质量的规范和要求进行多方面学习，鼓励他们独立思考，制订保教管理工作计划，实施保教过程管理。在实践中，即便业务管理者做得不理想，抑或是能力不够强，园长也要给他们锻炼的机会，让他们经过自身的尝试、探索，不断调整改进，不可因为他们做得不好、不到位而代替之，或埋怨控制，这样既不利于保教管理者自身的成长，也不利于保教工作的良性发展。园长在指导保教工作的过程中要做到导而不代，激发业务干部的工作热情和创造力，发挥自身的引领作用。

（二）统筹兼顾的原则

所谓统筹兼顾，从指导的目的出发，园长指导保教工作既要考虑儿童的学习与发展，又要兼顾教师的专业成长。幼儿园园长指导保教工作的目的是确保幼儿园保教工作的顺利实施，最终保障儿童的学习与发展。可是，园长指导保教工作，并不会直接让儿童受益，而是通过指导提升一线教师、业务管理者的保教能力，从而间接保障儿童的学习与发展。一线教师通过接受园长的指导，在"实践—反思—调整再实践—再反思"的循环行动中改善自己的教育观念，调整自己的保教行为，磨炼自己的保教经验，提升自己的保教能力，最终实现教师整体的专业提升。园长指导保教工作针对不同的班级、不同的教师应该有不同的策略。保教工作的指导既要考虑教师现有的保教水平，又要兼顾教师所在班级儿童的现状，切忌用一把尺子去衡量所有的教师，用一套策略去应付所有的年龄班。倘若园长一味从儿童学习与发展出发，强调教师尊重儿童要基于儿童的兴趣开展活动，实施教育要有不断激发儿童深入学习、自主学习的教育智慧，等等，而不考虑教师的经验水平，那上述这些要求势必会给那些刚刚入职的青年教师带来很大的压力，会给他们带来挫败感，最终降低教师的职业幸福感。试想，当教师体会不到职业的幸福感，工作成了一种负担，怎么可能会去主动积极地工作，怎么可能去实施高品质的保教呢？上述从"人"的视角分析，园长在指导保教工作的时候，既要考虑教师的专业成长又要兼顾儿童的学习与发展。那么从"事"的角度，从管理本身来讲，统筹兼顾原则在指导保教工作中既包括指导确定幼儿园保教工作的总体目标、实施途径、评价体系，又包括保教人员的选聘和保教资源的具体分配，同时园长还需要从整体上去把关与保教工作相关的其他琐碎事项。幼儿园的保教工作是一项非常复杂的系统工程，中间会涉及很多工作环节和内容，所以需要进行统一筹划，兼顾各方的工作实际，树立起保育与教育统筹兼顾的保教思想，提高保育资源与教育资源在保教工作中的配置效率。

(三)循序渐进的原则

所谓循序渐进是指按照一定的顺序、步骤逐渐进步。不难发现，幼儿园在制订保教工作计划的时候，有学年的整体计划、学期的保教计划，具体到各个班，根据各班的学期总结以及幼儿发展现状会制订各班自己的学期保教工作计划。有学期的总体计划还不够，我们往往还会要求各班制订每月保教工作计划，每月计划继续分解，还要制订周计划，这就充分体现了保教工作管理中的循序渐进原则。下面，我们以园本教研阶段性目标的制订为例，说明循序渐进原则在保教管理中的教科研引领方面的具体体现。

 案例之窗

园本教研片段实录

北京市三义里第一幼儿园　刘婷

这学期围绕反思性行动研究，促进教师专业能力的提升，开展了一系列的教研活动。回顾历次教研的内容，从现象入手，由具体逐渐深入。

第一次教研：请各班教师分享班级亮点。分享的目的无疑是希望教师通过反思具体的教育实践中的行为，梳理教育规律，形成经验性的可供其他教师参考的东西。

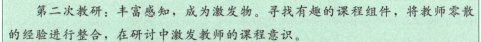

第二次教研：丰富感知，成为激发物。寻找有趣的课程组件，将教师零散的经验进行整合，在研讨中激发教师的课程意识。

第三次教研：寻找关系——人、事、物发挥互惠互利的关系，儿童需要什么样的关系？教师建立初步的课程意识之后，紧接着，进一步深化教师对课程的认识，带领教师探讨幼儿园课程的真正内涵，确定幼儿园一草、一木、一事、一物、一人均可以发挥教育的价值的课程观。研讨人、事、物如何通过与儿童发生有效的互动而促进幼儿的发展。

第四次教研：适宜的支持方式。整合各种各样的教育方式，比如集体教学活动，它是很有价值的。如果说前几次的教研从教育组织，从儿童的视角切入，那么，接下来的教研就开始聚焦教师到底该怎么做，从看明白、听明白到做明白。

第五次教研：一日生活各环节都要发挥作用——周计划变革。从反思集体教学的价值，到反思一日生活环节的教学价值。

当教师们初步理解了一个好的幼儿园教师除了要具备儿童发展的意识外，同时还要关注课程意识，认识到一日生活及周围的各种人、事、物都可以发挥教育的价值，接下来，就应发挥自身价值，弄清教师应该做什么，教师需要具备哪些能力，每一位教师对自己的教育能力应不断进行反思和剖析，查漏补缺。

所以，本次教研的总体目标就是通过揭秘儿童的力量，激发教师自己的教育智慧。

园本教研是保障幼儿园保教工作有效落实的一种途径，是通过构建学习共同体的形式，围绕阶段性的保教实践中存在的共性问题的一次研讨。指导开展园本教研是园长指导保教工作的内容之一，从上述的实录中可以看出，园本教研目标的制定是由小及大，由具体到抽象，由儿童的学习到教师的专业发展，一步步自然发展而来，充分展现了循序渐进的指导原则。

（四）自上而下和自下而上相结合的原则

自上而下和自下而上相结合要求园长在指导保教工作的时候，不应该所有的工作都自己单方面决定，而应该充分关注教师、业务管理者等他人的想法和意见。在查班指导教师保教工作的实施时，多听、多观察，在倾听和观察的基础上，提出自己的想法和建议。尊重教师的想法，聆听教师保教行为背后的思路更有助于园长为教师提供有针对性的指导策略。在制订全园学年保教工作计划的时候，与业务管理者、一线教师共同商量，多听一线教师的心声，会让指导的策略更有可操作性。

自上而下和自下而上相结合的管理机制，强调既不能听从园长一个人的声音解决保教工作的方向与问题，也不能无方向、无目标地盲从于教师们的观点和方法。园长作为管理者，对于幼儿园保教工作发展方向的重点要有清晰的认识和思路，同时兼顾自上而下和自下而上的原则，听取大多数教师的意见和建议，给予教师在幼儿园保教管理中的话语权。通过给教师赋权，鼓励教师说问题，提意见，也能从一定程度上锻炼教师的反思意识和能力，让教师从行动上到观念上都打破原有的"一切听领导的，领导让干什么就干什么"的教育思想，对于发挥教师的主动性也有意想不到的价值。总体来说，自上而下和自下而上相结合的原则体现的是一种民主管理的思想，对于形成组织凝聚力、组织成员之间的合作都有很重要的价值。

第三节　园长指导保教工作面临的现状

幼儿园的性质任务决定了保教工作是幼儿园双重任务的核心，所谓双重任务包括保教幼儿和服务家长。保教工作在幼儿园全部工作中处于中心地位，可以通过图 1-1 体现：

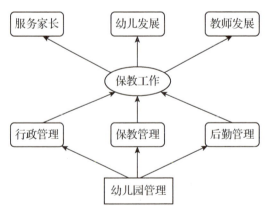

图 1-1　保教工作在幼儿园管理工作中的地位

《幼儿园工作规程》中指出，幼儿园的主要任务是实行"保育与教育相结合的原则"，对幼儿实施德、智、体、美全面发展的教育，促进其身心和谐发展。因此，在幼儿园开展的学前教育各项活动中，保育质量和教育质量是相辅相成、相互促进的两个方面，尤其是在当前的时代背景下，社会和家长都对幼儿园的保教质量提出了更高的要求，幼儿园的管理者及其施教者需要树立全新的保教思路，从幼儿的生长发育、学习需求、知识教育及德育与素质教育等多个环节入手，不断提高幼儿园的保教质量。

尽管保教质量成为制约幼儿园整体工作的核心因素，但是当前，幼儿园在保教管理中依然存在各种各样的问题。幼儿园园长只有正视这些问题，分析这些问题形成的原因，探索解决问题的方式，才能使其在指导保教工作的过程中，做到有的放矢。

一、对保教管理的核心问题认识不清

《3～6岁儿童学习与发展指南》（以下简称《指南》）的颁布让我们认识到儿童学习与发展的关系问题是现阶段制约幼儿园保教工作质量提升的核心问题。《指南》提出学习与发展的问题不仅是当前幼儿园、家庭及社会最为关心的问题，更是学前教育实践工作中的难点与瓶颈问题。解决这一问题需要保教工作管理者站在时间的节点上认识儿童学习与发展之难，站在科学发展的要求上理解儿童学习与发展之难，站在国际教育的经验上发现儿童学习与发展之难。结合儿童身心特点和发展需要而实施的保教工作，才能科学有效地落实对儿童学习与发展的促进。

（一）站在时间的节点上认识保教管理的核心问题

2001年，教育部颁布了对幼儿园教育具有重要指导意义、影响幼儿教育发生重大变革的《幼儿园教育指导纲要（试行）》（以下简称《纲要》）。相隔十年后教育部又出台了《3～6岁儿童学习与发展指南》，这不禁引起了大家关于《纲要》的理念是不是已经落后于时代发展、其核心价值是否发生了根本转变的讨论。然而对比《纲要》中提出的以幼儿发展为本、为幼儿终身发展奠定基础，强调尊重、适合、快乐、发展的核心精神，我们在《指南》中也找到了"以为幼儿后续学习和终身发展奠定良好素质基础为目标""建立对儿童发展的合理期望""尊重幼儿发展的个体差异""让幼儿度过快乐而有意义的童年"等核心精神、基本要求。两者对比，不难发现《指南》不仅在核心理念、内涵上与《纲要》十分契合，其分领域、分年龄表述的具体目标、典型表现、教育建议等更是对《纲要》精神不折不扣地深化与落实。那么,《指南》对我们当前工作的指导意义与《纲要》又有什么特别的区别呢?回想贯彻和落实《纲要》的十年,学前教育领域中一直充斥着"幼儿园到底要不要教孩子,孩子们到底要不要学知识",以及"怎样才是有质量、科学的学前教育"的疑问和讨论。在 2001 年《纲要》颁布以前,很少有人会质疑分科教学的课程模式。孩子们在美术课上学画画,在计算课上学数学,在体育课上练投掷……但是,《纲要》的颁布颠覆了教师们原有的教育观、儿童观,幼儿园的课程模式也有了翻天覆地的变化。大家开始重视生活活动、区域游戏、主题活动、环境创设等活动的教育价值,教师们也不断受到各种先进理念的冲击,每天都在预成、生成的各种活动中忙碌着……很多教师都感到,在"一日生活皆教育"的理念引领下,尽管工作量让人疲于应付,但是孩子们的发展却不尽如人意。放手与不放手、教与不教成为纠结在每个一线教师心中的难题。在这种困惑的心态下,一些幼儿园、老师甚至选择倒退走回十多年前的老路,采用小学化的上课模式,剥夺儿童的游戏时间,力图通过一节节课的集体教授,教给孩子们更多的知识,训练孩子们更强的技能,认为这才是对孩子负责,促进孩子发展的正确做法。

"以幼儿发展为本"是《纲要》与《指南》共同的理念与思想,是学前教育改革与发展路途中的引路灯。教育改革实践过程中难免会迷茫、彷徨,甚至走到岔路。但是,我们必须朝着引路灯的方向前行,决不能倒退,南辕北辙地走向反方向。值得欣慰的是,《指南》在这样一个时间的节点上出台,再一次明确了我们前进的方向,引领着我们以提高幼儿教育质量为宗旨,以促进每个幼儿学习与发展为目标而努力前行。

(二)站在科学发展的要求上理解保教管理的核心问题

2010 年颁布的《国家中长期教育改革和发展规划纲要(2010—2020 年)》,提出了"把提高质量作为教育改革发展的核心任务""树立以提高质量为核心的教育发展观,注重教育内涵发展"的战略目标。教育质量与科学发展密不可分,提高学前教育的"教育质量"就必须注重学前教育的科学性。学前教育发展到今天这个时代,如果还继续靠经验、靠爱心、靠耐心,是教育不出具有时代精神的"生动、活泼、主动"的儿童的。只有建立在科学的教育理念、科学的发展规律与方法手段之上,所实施的幼儿教育才能真正做到提高质量、促进每个幼儿学习与发展的整体目标。那么,《指南》是怎样认识幼儿的学习以及幼儿学习方式的呢?

古人认为学习就是"学而时习之",很多教师和家长也认为学习就是教师传授、演示、教解,以及孩子不断练习掌握的过程。例如,认为不示范儿童就不会画画，不做口算题儿童就不会计算，不教动作儿童就不会表演……然而，《指南》的理念是"每个幼儿心里都有一颗美的种子""幼儿的语言能力是在交往和运用的过程中发展起来的""幼儿的社会性主要是在日常生活和游戏中通过观察和模仿潜移默化地发展起来的"……证明了幼儿学习的定义并不是"学而时习之"，并不是听课、写字、回答问题这样的机械和狭隘。人生中最基础的幼儿期的学习与发展，需要为人们的"后续学习和终身发展奠定良好素质基础"，因此决不应该用上了多少课、写了多少字、算了多少题这些可以量化的指标衡量这一阶段。只有基于生活、游戏、交往、创造、发现、分享、感悟等，才是立足于终身发展的学习，才能够激发孩子心中那颗充满好奇、探索、兴趣、活力的种子发芽长大。

那么，《指南》又如何定位教师的"教"，也就是孩子是怎样"学"的呢？《指南》指出，"理解幼儿的学习方式和特点……最大限度地支持和满足幼儿通过直接感知、实际操作和亲身体验获得经验的需求，严禁'拔苗助长'式的超前教育和强化训练"。在目标部分提出了"各年龄段末期幼儿应该知道什么、能做什么，大致可以达到什么发展水平"。明确了幼儿的学习与发展是无形的。"要珍视游戏和生活的独特价值，创设丰富的教育环境，合理安排一日生活"。对于幼儿园教育来说，"一日生活即教育"，儿童自发、自愿、自主的游戏与活动中有无数个发展契机。教师可以充分利用《指南》中的合理期望、典型表现，将它们作为科学的有形资源，对比观察幼儿的学习行为与需要，在幼儿一日游戏和活动的无形时空中潜移默化地提供多元支持，有效引导幼儿的学习与发展。例如，《指南》科学领域的目标之一是"具有初步的探究能力"，孩子如何获得这种能力呢？举一个优秀教师的教育实例来说明：

一天，幼儿园的午点吃柿饼，孩子们纷纷问老师柿饼为什么这么甜？老师让孩子们自己猜一猜，大家有的说是因为放糖了，有的说是因为加蜂蜜了，还有的说是煮过了。老师说："好吧，明天请你们每个人带一个柿子来，我们用自己的方法做柿饼。"于是，第二天孩子们高高兴兴地拿来了柿子，有的把柿子放在糖水里泡上，有的把柿子捅个洞灌上蜂蜜，还有的用锅煮……一天过去了，两天过去了，一个多星期过去了，大家期盼的甜甜的柿饼纷纷长毛变质了。这时老师拿出了在班级窗台上晒成饼状的柿子供大家品尝，孩子们终于惊喜地发现，原来甜甜的柿饼是在太阳底下晒出来的。

《指南》指出，"幼儿在活动过程中表现出的积极态度和良好行为倾向是终身学习与发展所必需的宝贵品质"。正如日本幼教专家本吉圆子所说的那样："孩子仅仅聆听语言的说明是不能学到东西的。孩子要通过自身整个身体与外界事物的接触才能得到教育，通过手及身体的接触使身心和头脑运作起来。"孩子们的学习就是这样，真正的学习一定是建立在激发幼儿自主探究欲望之上的。只有保持这种积极、自主的学习过程，才能够真正帮助幼儿建构知识，获得能力的发展。

(三)站在国际教育的经验上审视保教管理的核心问题

《指南》明确指出，"指导幼儿园和家庭实施科学的保育和教育"，"帮助幼儿园教师和家长了解3~6岁幼儿学习与发展的基本规律和特点，建立对幼儿发展的合理期望，实施科学的保育和教育，让幼儿度过快乐而有意义的童年"。《指南》普及科学育儿知识，指导影响家长科学施教的目的十分明确。但是在学习中我们也对家长了解《指南》的情况进行了小范围的调查，发现大多数家长大都不太清楚《指南》的具体内容，面对《指南》中各种学科体系十分详尽的目标与典型表现，家长们学习起来感到无从下手。家庭教育既有社会性又有普遍性，如何为家长们提供条目清楚、简洁、可理解的《指南》，我认为还需要进一步推敲。国外在向家庭提供类似《指南》的帮助过程中，一些提法似乎更加契合家长育儿的实际需求，以下列举各国的一些不同做法，作为我们今后实施家庭教育辅导的参考：

——美国。"给孩子制订一个家务劳动计划"。美国父母教孩子做家务，每周一次贴出要干的家务劳动内容。将某个特定任务指定某个孩子去干，确定完成任务的期限；轮流干某些活儿，让每个孩子都有机会去做没有兴趣或最容易干的工作；检查孩子的完成情况，使孩子因自己的劳动而产生一种完成任务的成就感。

——德国。"让孩子与大人争辩"。德国人以为"两代之间的争辩，对于下一代来说，是走向成人之路的重要一步。"因此，他们鼓励孩子就某件事与父母争辩，自由发表自己的意见。通过争辩使孩子觉得父母讲正义、讲道理，他会打心眼儿里更加爱你、依赖你、尊重你。

——英国。"给孩子失败的机会"。孩子做某件事失败了，英国人的观念不是索性不让孩子去做或家长干脆包办了，而是再提供一次机会。例如，孩子洗碗把衣服浸湿了，就指导孩子再来一次，教会他避免失败的方法。

——加拿大。"让孩子学会玩"。在家里孩子们很少有家庭作业，没有父母关于学习的喋喋不休，他们注重的是让孩子能整天轻轻松松，做游戏、玩玩具，在玩中学到书本上学不到的知识。

——日本。"让孩子独立自主"。为了增强儿童的生活自理观念，家长有意识地让儿童学会判断是非，做出选择。例如，去商店购买玩具，家长事先会定出一个金额，让孩子自行决定买什么，家里准备外出旅游，也会征求一下孩子的看法。日本孩子到了初中后，大部分衣服他们自己能够独立地上街购买，而且会货比三家，精打细算。

他山之石，可以攻玉。世界上一些先进国家的做法与《指南》所引领的方向是相同的，值得我们学习与借鉴。从以上各国的做法不难看出，21世纪儿童发展的核心问题是："生命""生活""生长"。"生命"是指每个孩子都是独一无二的，教育者要重视差异，不能用同一把尺子衡量所有儿童；"生活"是指一切教育都应围绕生活这一主题开展，生活是教育的灵魂；"生长"是指每个孩子在不同阶段都会有不同的生长节奏，教师必须把握儿童学习与发展的内在规律，用适宜的方式促进每个儿童更好的生长。

二、缺乏规范的幼儿园保教管理制度

有学者在文章中指出，有的幼儿园由于自身经济实力的限制，在教育环境、办园条件、保教制度等方面还存在很多的疏漏，导致幼儿园对保育管理、安全管理、教学管理、家园共育等保教活动的开展还不够规范，没能为保教质量的提升提供相应的参考依据和有效的监管措施。日常保育管理工作中的权责划分也不够明确，各项保育、教育、管理措施很难得到有效的贯彻与落实，进而在很大程度上影响了幼儿园保教工作的有效开展。[1] 例如，为促进青年教师专业成长而实施的师徒结对制度，虽然在形式上进行了指导，但是具体落实到实践，师徒结对的效果如何，对青年教师的专业成长到底发挥了多大的价值，当缺乏比较完善的后续效果追踪评估机制时，师徒结对、手拉手互助的方法有可能会流于形式。当前幼儿园缺乏完善的保教管理制度，集中表现在保教环境的规范化不足、保教人员的准入制度不完善、保教工作质量的过程监控与评估缺乏科学性三大方面。

（一）保教环境的规范化不足

学前教育阶段幼儿的健康成长，需要幼儿园营造出绿色、安全、趣味化的保教环境，提高保教工作过程的规范性、科学性和有效性。[2] 幼儿园应该结合《幼儿园教育指导纲要（试行）》中的具体要求，通过保教管理制度的建设，确保幼儿在幼儿园及上学途中的人身安全，借助保教环境的改善充分激发幼儿的好奇心和主体意识，确保幼儿园的各项保教工作符合幼儿成长的规律。由于制度不完善，近年来，幼儿园安全事故纠纷频频发生，如教师擅离岗位造成幼儿人身安全问题、幼师虐童事件、幼儿园安全管理失误导致不法分子潜入幼儿园对幼儿人身造成威

---

①②吉萍．论提升幼儿园保教质量的重要途径[J]．中国校外教育，2015(10)：152.

胁的不良事件等，下面是一些常见的案例。

 案例之窗

教师擅离岗位引发安全事故

一天中午，某幼儿园中班的大部分幼儿都睡着了，还有个别幼儿没睡。这时，值班教师便到别的班去倒开水，并聊了一会儿天。待她回班之后，发现一名幼儿头部红肿，问其原因，是刚才教师外出后，他在床上玩耍，不小心摔伤的。教师帮幼儿揉了揉，便安慰他睡觉了。下午当家长接孩子时，看到幼儿伤情，非常生气，要求领导解决处理。

教师疏忽带来的后果

某幼儿园大班中午午睡前，教师在活动室督促幼儿收拾、整理游戏材料，先进去的几名幼儿在过道玩，一名幼儿不小心摔倒在地上，其他幼儿赶紧告诉当班教师。教师立即检查，发现其没有外伤，两条胳膊也能动，幼儿自己也没有异常反应，便安抚其入睡。交接班时，由于教师疏忽，未曾将情况告诉下午当班的教师。幼儿起床时，下午当班的教师发现该幼儿穿衣服时抬不起胳膊，翻开衣服发现幼儿右肩处红肿，随即将幼儿送医务室。保健医生检查后，建议马上到附近医院拍片检查，后确认该幼儿骨折，之后通知其父母。父母将幼儿领回，于第二日向幼儿园提出幼儿住院的要求。

以上案例说明：第一，教师擅自离开岗位，玩忽职守，没有尽到一个幼儿园教师应负的责任。第二，在伤害发生后，教师对幼儿的伤后处理方式太随意，不具备基本的保育、保健知识。第三，幼儿园本身的规章制度没有很好地规范教师的行为。

(二)保教人员的准入制度不完善

怎样才能招聘到好的保教人员，这是每一个幼儿园园长都十分关心的问题。可是，到目前为止，我们还没有一套比较科学的人员选择标准。在选择保教人员时，园长选择的标准往往带有主观性、缺损性、滞后性。例如，挑选幼儿教师时，只看重教师外在的技能技巧，而对学习能力、个性特点、人格因素以及内在发展潜力方面注意不够。这样选择的偏差会直接影响到保教人员的质量。

笔者认为，幼儿园园长在选择保教人员的时候，应该综合考虑园所需求，被聘对象的性格特点、工作态度与技能技巧，还有教师本身的思维品质等对儿童学习与发展，对自身专业成长都很重要的因素。

（三）保教工作质量的过程监控与评估缺乏科学性

幼儿园园长在指导幼儿园保教工作的过程中，往往以文本说事，注重形式，而很少真正立足儿童的发展，立足教师的专业成长。例如，园长查班指导，注重周计划的撰写数量，而忽视其质量，对保教工作的评估，缺乏客观和科学的态度。笔者反思原因，幼儿园保教工作计划的制订者、保教工作目标达成的评估者都是一个人，这就导致评价主体很难客观地对幼儿园真实的保教工作计划落实情况做出评价。怎样提升保教工作质量评估的科学性和客观性，是当前幼儿园保教管理中面临的共性问题，这也是幼儿园保教管理缺乏相应制度的重要表现。

三、对保教工作的指导缺乏专业性

（一）园长指导保教工作的依据不合理

1. 思维传统，不善创新

虽然大多数园长都具有丰富的一线教育经验，但是，仅仅依赖于这些经验去指导保教工作显然是不科学的。因为时代在变，学前教育的整体发展在变，儿童也在变，很多年前适用的经验不一定适合现在的教师和儿童。一个不能与时俱进的园长管理下的幼儿园显然不能顺应学前教育的整体需求，不能满足家长及社会的需要。园长只有不断学习，了解掌握新的学前教育的动态及发展需要，才能让幼儿园的教育跟上时代的步伐，才能让园所在面临新一轮教改的情况下经得起考验。

2. 依赖理论，脱离实践

有些园长，在指导保教工作的时候，总是动不动就搬出一套理论，拿书本里的东西说事儿，拿政策里面的要求说事儿，殊不知这些东西有时与保教实施的具体工作很难对接。一线教师面临的是一个个鲜活的具有个性特征的孩子，要处理的是一系列具有本班级特点的琐事，拿理论框事、框人的做法显然不能让教师信服。如何在理论的指引下，探索出真正能够帮助一线教师解决保教实践具体问题的方法，如何在贯彻文本要求的同时，结合园所自身保教管理环境，寻找到解决自身保教管理问题的有效途径，是许多园长面临的共性的问题。

（二）园长指导保教工作的形式欠适宜

1. 事无巨细，越俎代庖

有些园长在指导幼儿园保教工作的过程中，事无巨细地去干涉所有的事情，大到幼儿园保教工作总体目标的制定，小到班级保教计划的撰写格式。这不仅无形中给自己的工作增添负担，还可能会落个吃力不讨好的下场。管得过于细会让被管理者有一种不被信任和不被尊重的感觉，与此同时，还会培养被管理者懒于思考的思维惰性。这在下面的案例中体现得尤为明显。

 园长心声

到底听谁的

北京市三义里第一幼儿园　刘晓颖

小小的幼儿园里有园长、副园长、主任……这些人既构成了幼儿园的核心管理层，又是对幼儿园保教工作质量直接负责的责任人。那么，园长与副园长、主任之间是什么关系呢？处理不好几者之间的关系会对幼儿园管理工作产生哪些影响呢？下面的小故事就是对我们管理者最好的提醒和警示。

一天，园长到班级中巡视，她来到大班，看到作品栏里刚刚布置好了儿童绘画作品。仔细欣赏后园长发现，这里的儿童绘画作品每一张都涂上了鲜艳的底色，这些底色在画面中占很大比例，并且色彩涂抹得十分均匀。于是，园长和大班老师交流起来："这些画画得很生动，要是不涂这些底色，这些画就会更真实，更有儿童性。因为孩子们的乐趣并不是涂色，而是天马行空地想象创作，统一要求涂底色限制了孩子们的创造，画面也缺少了个性与童趣。"园长滔滔不绝地向教师们说明自己的看法，没有观察到此时教师们的表情越来越不自然起来。下班后，一名大班老师来到了办公室，十分犹豫地说："园长，我有个问题想问您。""什么问题？坐下来说。"园长十分热情地接待了老师。从谈话中园长才知道，原来在园长去大班之前，副园长也发现了儿童画作品展示栏。但是，副园长提出的指导意见和园长的刚好相反，她看到孩子们的作品没涂底色，觉得这样的作品不漂亮，画面不丰满，这样的作品布置出来会显得水平不高。建议老师让孩子们涂上底色再重新布置。而园长进班时，老师们刚刚按照副园长的指导重新调整，布置好了作品栏。当园长对作品栏提出完全相反的建议时，老师们真的不知道到底该怎么做才对。因此，大班老师直接来找园长反映自己的想法："到底听谁的？"

故事讲到这儿，大家可能已经开始思考园长、副园长各自的职责是什么，园长与业务干部之间的关系是什么，如何处理好园长对保教工作质量的指导和控制等一连串的问题了。其实，园长和业务干部当然都要对保教工作质量负责，但是为什么幼儿园会设有业务干部？这是因为园长毕竟要为幼儿园的规划设计、全面管理、外联协调等工作投入主要精力。因此，业务干部领会园长的管理思想、意图，具体指导，让幼儿园整体的办园思路落实到幼儿园的环境中，教师的教育行为之中。《到底听谁的》这个故事实际上就是园长、业务干部这两个管理角色之间没有很好地沟通，办园思想、秉承的教育理念等没有达成共识。所以，遇到具体事件后就出现了两者指导方向截然相反的情况。针对这种情况，园长应了解业务干部的业务水平，通过学习加强提升业务干部教育理念、指导实践的能力。让业务干部明确本园办园的理念和方法，上下统一地指导实践工作。

这个故事的最后，园长是这样回答大班老师的："真的很对不起，我因为不了解情况随便指导，让你们产生了困惑。班级中的教育工作当然应该听业务园长的指导，我看到作品栏后的想法也应该先和业务园长沟通一下，我们俩达成共识后再让她转达给你们就好了。""不过……"园长话锋一转接着说，"作为一名专业的老师，你们也不能人云亦云，我告诉你不要涂色，副园长告诉你要涂色，你们知道为什么要涂色或是不涂色吗？这里面儿童绘画表现和创造的特点你们明白吗？哪种方法对儿童的学习有益也是你们专业判断的体现呀！如果你们有理有据地表明自己的观点，我们不仅会钦佩你们的专业能力，还会支持你们的想法。"

《到底听谁的》这个故事的答案告诉我们：相互尊重、沟通，形成共识，同时不断提高自身专业素养，才是园长与业务干部共同管理幼儿园，促进园所保教工作不断优化与提升的正途。

2. 过于民主，放任自流

有的幼儿园，因为设置了专门的保教主任的工作岗位，抑或业务管理者兼顾保教管理工作，所以在园长看来，既然权力已经分出去了，自己在保教这一块似乎就没有什么事情可以做了。殊不知，园长放弃了对幼儿园保教管理工作的关注，也就是同时放弃了自身的专业发展。一名园长不研究对保教工作的管理，就会对幼儿园的大小事务一问三不知，成为有名无实的空壳园长。

（三）园长指导保教工作的策略待改善

1. 较少反思，走马观花

园长除了要做到与时俱进之外，还应该在指导保教工作的实践中不断反思和总结经验。同时，应该努力丰富自己的专业知识，因为只有这样，园长在指导保教实践过程中所提出的建议才会有说服力，所想的方法才能经得起别人的推敲，才能让自己在保教指导中更有话语权。丰富了自己的专业知识之后，要想让这些知识能够发挥价值，园长需要不断摸索理论如何与实践建立联系，如何让新的正确的教育理念、教育思想被一线教师接受，怎样唤醒教师的专业性，如何让教师去践行这些有益的理论……这些都需要园长强化反思意识，不断实践、反思、再实践，进而提升管理保教工作的经验和理论水平。

2. 不善整合，资源浪费

在当前的社会条件和学前教育背景下，幼儿园的保教工作任务是十分繁重的，有时单单依靠幼儿园及其保教工作人员的单方努力很难实现预期的目标，因为做好保教工作不仅仅是幼儿园的职责，同样也是家庭和社会的职责。园长在指导幼儿园保教工作的时候，应该整合多方资源，有效发动家长、社区、政府等资源的潜力，为幼儿园保教工作的实施谋求有利的因素。

第二章 园长指导保教工作的专业知识

恩格斯说："一个民族要想站在科学的最高峰，就一刻也不能没有理论思维。"理论是人们在长期实践过程中总结、归纳、抽象、概括出来的，反映了教育现象背后的必然联系，反映了事物或者人的发展变化和规律性的特点。所以，学习理论，用理论去分析和指导我们的实践，会帮助我们更理性地了解、分析教育现象，避免产生盲目和凭感觉的主观判断。当然，理论学习也要进行筛选，应本着取其精华为我所借鉴的原则。学前教育是人成长的基础工程，它有着自身的特点和规律，园长必须在了解教育规律的基础上科学地实施管理，指导保教工作，才能达到事半功倍的效果；凭着感觉走或者一味蛮干，只会使幼儿园发展误入歧途或者停滞不前，给幼儿一生带来不可挽回的影响。关于学前教育的重要理论很多，但总体来说，作为园长要把握住现行政策、国内外先进的教育理念与实践经验。只有这样，在借鉴前人经验的基础上才能获得更好的学习与发展。

保教工作作为幼儿园的核心任务，是园长领导工作的重点。园长只有具有高水平的专业素养，才能合理地规划幼儿园的发展，提升课程与教学品质，为教师提供更专业的指导和支持，实现幼儿园保教质量的提高。园长具有较高的专业水平也有利于树立专业威信，增强对幼儿园教职工的影响力。因此，园长要不断地扩充知识储备，提高能力水平，努力让自己成为幼儿园保育和教育工作的专家。[①]

以上是洪秀敏教授在其一篇有关幼儿园园长领导力现状及提升策略的文章末尾提到的园长提升领导力的策略之一，结合园长的三重职业角色——专业教育者、教师发展的专业引领者、园所发展的专家型管理者，扩大知识储备，成为保教工作方面的专家，仅仅从园长与幼儿园教师共同的身份——教育者的视角做了建议。而事实上，园长在指导幼儿园保教工作有效开展的过程中，需要考虑的不

---

① 洪秀敏，刘鹏．全美幼教协会《幼教机构管理者定义与专业素质》及其启示[J]．比较教育研究，2015(3)：83-89.

仅仅是这一重角色对其专业知识的要求，还不可避免地要站在领导者、管理者的角度去思考，另外两重角色在其指导保教工作有效实施中对其相应专业知识的要求是什么。

专业知识是一定范围内相对稳定的系统化的知识，是在特定专业领域里被实践证明的、真实准确的、可以指导解决该领域实践问题的经验。联系该定义，园长指导保教工作的专业知识则可以理解为园长为了胜任保教管理工作，所需具备的知识，它是被保教管理实践证明了的、可以指导解决保教管理实践中的问题的经验。知道如何界定园长指导保教工作的专业知识是远远不够的，要想有效促进园长专业知识的提升，我们势必还要弄清楚园长指导保教工作的专业知识的内涵是什么，即它具体应该包括哪些知识，这就是所谓的专业知识的结构问题。

综上所述，本章在梳理园长指导保教工作的专业知识时，首先将联系国内外有关园长专业知识结构的研究，梳理并建构园长指导保教工作专业知识的基本内容。其次将遵循"先角色后职责"的原则，从园长的三种角色的视角分别阐述在指导幼儿园保教工作的过程中，不同的角色需要具备的专业知识有哪些，这些专业知识对指导保教工作实施的意义等问题。

第一节　国内外园长专业知识的基本结构对比分析

查阅相关资料并检索大量文献后我们发现，专门针对园长指导保教方面的专业知识的研究很少，研究者多从园长整体专业素养提升的视角去阐述园长所需具备的专业知识是什么。并且。在众多文献中，研究者在探索园长专业知识的基本要素的时候，均将园长的重角色及需求作为研究其专业知识要素的重要前提。这是各国在制定园长专业标准过程中采用的主要方式。这一点其实并不难理解，2012 年教育部出台了《幼儿园教师专业标准（试行）》之后，又于 2015 年专门出台了《幼儿园园长专业标准》（以下简称《标准》），新出台的《标准》可以说在我国幼儿园治理专业化发展史上具有里程碑式的意义。幼儿园园长专业标准的构建原则之一就是要秉持"先角色后素质"的方法论原则。纵观英美等国的幼儿园园长专业标准的制定，无一例外地都融合了对园长的职责、角色的研究，即先确定园长工作职责所应有的角色定位，再详细分析每种角色所需要承担的主要工作，然后再进一步确定完成这些工作应当具备的知识、能力、态度和行为等。下面以美国幼教协会（National Association for the Education of Young Children，以下简称

NAEYC)颁布的《幼教机构管理者定义与专业素质》(*Program Administrator Definition and Competencies*，以下简称 PADC)中对幼教机构管理者的核心素质的界定及详细要求为例，说明角色探寻是专业核心素质构建的先决条件。

一、NAEYC 制定的 PADC 中有关园长专业知识的内容细则

PADC 规定幼教机构管理者的核心素质包括两个方面的内容：一是管理知识与技能，二是早期教育知识技能。下面将两个维度中知识层面的具体内容条目梳理成表 2-1：

表 2-1 PADC 中有关园长专业知识的具体内容

领域	管理知识	领域	早期教育知识
个人和职业自我认识	1. 成人及职业发展、人格类型、性格、学习风格。 2. 个人信念、价值观和哲学立场。	历史和哲学基础	1. 幼儿保育和教育的历史根源和哲学基础。 2. 不同类型幼教机构、作用、资金和管理框架。 3. 影响幼教机构的关键因素和趋势。 4. 研究方法论。
法律和财务管理	3. 不同法律架构优缺点。 4. 与幼教机构服务相关的各种条例。 5. 与机构运行有关的法律法规(儿童监护、儿童虐待、特殊教育、保密、反歧视)、合同法和劳动法。 6. 联邦政府、州政府和本地政府的税收来源。 7. 记账法和会计术语。	儿童成长与发展	5. 各种儿童发展理论。 6. 从产前到青春期早期影响儿童成长发展的生物、环境、文化和社会因素。 7. 儿童身体、认知、语言、审美、社会和情绪发展中的重要阶段。 8. 当前神经科学相关研究以及其在幼儿教育领域的应用。
员工管理和人际关系	8. 组织行为学、沟通风格、冲突解决方法。 9. 各种组织监管和团队建设模式。	儿童观察与评价	9. 发展适宜性儿童观察与评价方法。 10. 不同评价工具和方法的作用、特点及不足。 11. 评价数据使用的伦理规范。
教学课程组织	10. 各种课程模式、高质量课程标准和儿童评价方法。 11. 促进特殊儿童融合教育的管理实践。	课程与教学法	12. 各种课程模式、课程目标及不同发展阶段儿童的教学策略。

续表

领域	管理知识	领域	早期教育知识
机构运行和设备管理	12. 政策流程符合州政府和本地政府法规，遵守与儿童健康安全相关的专业标准。 13. 食物营养和健康要求。 14. 游乐场地安全设计和使用。	特殊需要儿童	13. 非典型发展（身体、健康、认知、"社会—情绪"、沟通，以及感觉功能轻度和重度残疾）知识。 14. 与特殊儿童服务和食宿相关的执行标准及教育支持方法。 15. 超常儿童的特点及教育支持方法。 16. 特殊教育资源和服务。
家庭支持	15. 家庭系统和不同教养方式。 16. 支持家庭和谐发展的社区资源。	家庭和社区关系	17. 不同家庭系统、家庭结构和家庭生活模式及所产生的家庭动态。 18. 影响当代家庭的社会文化因素（语言、宗教、贫困、种族、科技和媒体）。 19. 家庭和儿童可获得的各种社区资源、援助和支持。 20. 促进家庭和机构协作的各种策略。 21. 其他国家儿童教养模式。
市场和公共关系	17. 有效市场营销、公共关系和社区外联理论。	健康、安全和营养	22. 促进不同阶段儿童良好营养、牙齿健康、身心健康和安全的实践。
领导力和倡议	18. 组织管理理论和领导风格。 19. 立法过程、社会问题及影响儿童与其家庭的公共政策。	个人和班级指导	23. 各种儿童指导和课堂管理模式的理论及研究。
口头和书面沟通	20. 书写知识，包括观点组织、语法、标点。 21. 口头沟通方法，包括融洽关系建立、环境营造、积极倾听及声音控制。	学习环境	24. 物理环境对儿童学习发展的影响。
信息技术	22. 基本计算机软硬件应用。	专业化	25. 影响幼儿教育专业实践的法律法规和政策。 26. 影响幼儿教育从业者福祉的各种专业化组织、资源和问题。 27. 幼教中心评价标准。

从表2-1中可以看出，PADC梳理的对幼教机构管理者的知识需求共包含49个小要素，可以说，其对园长专业知识的要求涵盖是比较全面的。考虑PADC制定的

这份幼儿管理者核心素质的详细要素的背景，它主要是改编了美国学者布鲁姆2000年提出的"伊利诺伊模型"（The Illinois model）。该模型认为，幼教机构管理者的胜任因素应该包括五个部分，依次是"一般教育背景、幼儿教育与学龄儿童教育知识和技能、管理知识和技能、经验、专业贡献"，NAEYC以该模型中"管理知识和技能"，以及幼儿教育与学龄儿童教育知识和技能两部分内容为蓝本，将幼教机构管理者的核心素质划分为"管理知识与技能""早期教育知识和技能"两个维度。分析细则的具体条目内容，可以看出，NAEYC对幼教机构管理者的专业知识结构及内容的探析是充分考虑了管理者的角色特点的，因此员工管理和人际关系、组织领导和倡议均是管理者知识结构中不可或缺的构成要素。有学者总结，PADC的早期教育知识和技能维度各个领域均围绕如何为幼儿提供高质量的保教服务展开，其内容基本涵盖了幼儿保教的所有领域。综上，这一份专业知识细则对建构园长指导保教工作专业知识的基本内容具有很强的参考价值。

二、我国幼儿园园长专业知识的基本内容

2015年1月，我国在继2012年出台《幼儿园教师专业标准（试行）》三年之后，在幼教人孜孜不倦地探索下，《幼儿园园长专业标准》终于面世。新标准的出台不仅使园长专业化迈上了新的台阶，也是在我国学前教育中推进教育领导专业化的重要举措。

下面笔者参照《幼儿园园长专业标准》体系的基本内容，梳理出其中与园长专业知识相关的条目整理成表2-2，方便与PADC的专业知识具体条目做比较：

表2-2 我国幼儿园园长专业知识的基本内容

角色	专业知识	基本指标
教育者	理论性知识	1. 掌握并理解与儿童学习内容相关的自然科学及社会科学知识。 2. 掌握并理解教育学和心理学知识。 3. 掌握并理解学前教育学和发展心理学知识。 4. 掌握并理解教师学习和专业发展知识。 5. 掌握并理解幼儿园教育的定位、目标、任务及要求等知识。 6. 掌握并理解幼儿园各领域教育的组织实施等相关知识。
	实践性知识	7. 掌握并运用幼儿园环境创设与利用的知识。 8. 掌握并运用教学计划及保教活动的设计、执行与评价的知识。 9. 掌握并运用指导教师进行保教活动的知识。 10. 掌握并运用评价教师保教活动的知识。 11. 掌握并运用考核、评价和测量的知识。 12. 掌握并运用信息技术和教育技术等知识。

角色	专业知识	基本指标
领导者	理论性知识	13. 掌握并理解科学的领导理论。 14. 掌握并理解组织理论和组织行为学知识。
	实践性知识	15. 掌握并运用团队建设理论。 16. 掌握并运用激励理论。 17. 掌握并运用沟通理论。 18. 掌握并运用幼儿园 SWOT 分析技术。
管理者	理论性知识	19. 掌握并理解现代战略管理理论。 20. 掌握并理解人力资源开发和管理学理论。 21. 掌握并理解学前教育和幼儿园管理相关的法律法规。
	实践性知识	22. 掌握并运用选拔和任命中层管理人员、教师的知识。 23. 掌握并运用评价中层管理人员和教师的知识。 24. 掌握并运用财政、预算、会计、经费管理等相关知识。 25. 掌握并运用有关幼儿园设备资源应用和管理的知识。 26. 掌握并运用经营理念和公共关系学知识。 27. 掌握并运用幼儿园、家庭、企业、政府和其他力量合作的知识。

从表 2-2 可以看出，我国学者在制定园长专业知识的具体内容结构时，共涉及了 27 个具体指标。研究者将幼儿园教师专业知识严格划分为理论性知识和实践性知识。这与美国 PADC 的知识体系划分有所不同，PADC 的 49 个条目里面，并没有严格区分理论性知识和实践性知识，而是按照知识的不同领域划分，不同的领域渗透了园长的不同角色。

三、中美两国园长专业知识的结构对比分析

比较两国制定的园长专业知识结构不难发现，从园长不同角色的视角看，都充分考虑了园长的三个重要角色，即教育者、领导者、管理者。从专业知识涵盖的内容看，都涉及了四方面的内容：政策法规知识、教育教学知识、管理经营知识及其他的知识。

PADC 的专业知识各个条目的描述很具体，比如在早期教育知识中，制定者在撰述儿童成长与发展领域的专业知识时就涉及了从婴儿期到幼儿期影响儿童身心发展的生物、环境、文化因素。相比之下，我国的园长专业标准中园长所需的专业知识里面，只是笼统地要求园长必须具备学前教育学和儿童发展心理学知识。

第二节 建构园长指导保教工作专业知识的基本内容

为了聚焦园长指导保教工作的专业知识体系，我们必须弄清楚园长在指导保教工作的过程中可能会涉及哪些方面的知识。依据"先角色后素质"的方法论原则，我们不妨从园长的三重身份来细述。

第一，教育者的身份。读者不妨去做这样的调查，调查身边的幼儿园园长的工作经历，你会发现大多数园长都有着丰富的一线教育经验。他们从事一线教育有一二十年或更长的时间，他们对一线教育的现状了如指掌，他们深谙不同年龄段幼儿的学习与发展特点。他们也许有突出的带班能力，也许具备很强的思考和提炼能力，也许在集体教学组织上有自己的一套行之有效而又广为推崇的方法，也许非常善于带领幼儿开展各种主题活动……总之，他们在幼儿保育和教育方面一定攒足了经验，并且这些经验已被自己或团队提炼升华到了方法论的层面，变成了其他教师学习的目标，变成了他们自己指导和帮助其他教师实施有效的保教工作的经验。所以，一名园长要想有效地指导保教工作，首先必须具备和一线教师一样丰富且扎实的与儿童发展相关的知识、与教学法相关的知识、与领域相关的知识，以及如何将这些知识有效地运用于教学实践的应用型知识，除此之外，还必须善于将这些知识进行整合。只有这样，园长在指导其他教师实施保教工作的时候，才能有说服力，才能有理有据地指导和帮助教师提升保教能力。参考专家学者的观点，我们将园长看作教育者时，其应具备的与指导保教工作相关的知识可归为三类：幼儿发展知识、幼儿保育教育知识、领域相关的知识。

在进一步阐述管理者和领导者角色下的指导保教工作的专业知识之前，笔者认为有必要澄清一下管理和领导这两词之间的差别。

人们习惯把管理和领导当同义词来用，其实两者之间既有联系也有区别。领导的定义之一为一种行为过程，领导是领导者为了实现预定的组织目标，运用相应的理论、原则、职能、方法而影响、率领、引导组织内的成员完成预定任务的活动过程。而管理是负责某项工作并使之顺利进行，管理有照管和约束、保管和料理的成分。在传统的管理理论中，领导是管理的四大基本活动（计划、组织、领导、控制）之一，管理是一个大概念，领导是从属管理的一个小概念。将领导当作一种指挥和控制的过程，是人类社会群体活动的必然趋势，随着管理科学的进展，领导越来越被当作一个独立的活动来研究和应用。

被誉为"领导力大师第一人"的哈佛商学院教授约翰·科特说："管理者试图控制事物甚至人，但领导人却努力解放人与能量。"这句话实际上道出了领导与管理之间的辩证关系：领导与管理互不相同——管理的工作是计划与预算、组织及配置人员、控制并解决问题，其目的是建立秩序；领导的工作是确定方向，整合相关者，激励和鼓舞员工，其目的是产生变革。

第二，领导者的身份。从前述领导的定义中可以看出，幼儿园园长在领导幼儿园保教工作顺利开展的过程中，应该像一艘船的舵手一样，有着明确的保教方向，并且善于整合各种资源，运用各种手段激发"船员"朝着目标方向奋力前行。园长应确定幼儿园保教教育的方向及把握幼儿园教育的目标，而目标的制定离不开国家学前教育大政方针的指引，离不开对当前教育背景下学前教育发展总趋势的认识。所以，从领导者的视角，园长指导幼儿园保教工作应具备的知识就需包括以下几方面的内容：一是掌握并理解当前学前教育保教方面相关法律法规。二是掌握并运用幼儿园、家庭、企业、政府和其他力量合作的知识，园长倘若能够将各方资源有效汇集到促进园所保教工作实施的过程中，将会收获事半功倍的保教管理功效，这既是领导者本身角色决定的，又受制于园所保教工作的高效与否。三是了解学习有关学前教育保教方面的前沿研究成果及新的理念，还有其他与领导本身相关的知识，如掌握并理解科学的领导理论，掌握并运用激励理论等。

第三，管理者的身份。园长作为管理者，为了保证幼儿园保教工作的顺利进行，必须具备建立保教管理工作秩序的意识和相关知识，其中主要包括：一是掌握并运用评价、指导教师保教工作的知识，包括建立考核教师保教能力标准的知识。标准的清晰与否直接关系着园长能否参照考核结果针对不同的教师，实施有针对性的保教指导。二是掌握并运用选拔和任命保教相关工作人员的知识。让每一个人在自己的岗位上充分发挥自己的优势，最终达成各司其职、优势互补、共同前进的局面。还有其他一些与管理本身相关的知识，如掌握并理解人力资源开发和管理学理论，掌握并理解现代战略管理理论等一些与其他行业管理者也相关的共通的知识。综上所述，结合管理本身的内涵，幼儿园园长作为保教指导的管理者，在笔者看来，主要的任务是建立合理有效的保教管理制度。

综上所述，笔者通过表 2-3 为大家呈现本书的园长指导保教工作专业知识体系：

表 2-3 园长指导保教工作专业知识内容体系

	角色	基本指标
园长指导保教工作的专业知识体系	教育者	1. 幼儿发展知识。 2. 幼儿保育教育知识。 3. 领域相关的知识。
	领导者	1. 掌握并理解当前学前教育、保教方面相关法律法规的知识。 2. 掌握并运用幼儿园、家庭、企业、政府和其他力量合作的知识。 3. 有关组织理论和组织行为学知识。 4. 掌握并理解科学的领导理论。 5. 掌握并运用激励、沟通、团队建设理论。
	管理者	1. 科学制订保教工作计划的知识。 2. 有效落实保教工作计划的知识。 3. 及时总结提升保教工作总体实施情况的知识。 4. 掌握并理解现代战略管理理论。 5. 掌握并理解人力资源开发和管理学理论。

接下来，笔者将从不同角色的视角分别对园长指导保教工作的相应知识进行详细阐述。

第三节 “教育者”角色下的专业知识

一、幼儿发展知识

（一）幼儿发展知识对于园长指导保教工作的意义

1. 幼儿发展知识是保障保教工作适宜性和有效性的根基

众所周知，幼儿园教育与中小学教育相比，两者的不同首先在于它不以传授系统的知识技能为主要目的，而把培养身体、认知、情感、社会性等各方面和谐发展的“完整的儿童”作为根本任务。① “以幼儿发展为本”是幼儿园教育的突出特点，它不仅集中体现在教育目标和任务中，也反映在保育教育工作的所有方面，是指导幼儿园教育实践的一项基本原则。园长只有掌握幼儿发展的知识，对幼儿有全面的了解，包括了解他们的年龄特征、身心各方面的发展规律、获得经验的

① 冯晓霞．幼儿园教师的专业知识[J]．学前教育研究，2012(10)：3-12，45.

方式与特点等，才能在指导教师开展保教工作中有的放矢，才能在给教师提出保教工作的相关建议时做到有理有据、科学有效，才能让教师觉得很有说服力。

幼儿园保教工作是为促进幼儿身心全面和谐发展服务的。大量研究表明，幼儿学习的能力极大地依赖于自身的发展水平。幼儿身心发展的需要、规律和特点是制约幼教工作的适宜性和有效性的核心因素。幼儿园教育遵循保教结合的原则，强调游戏作为幼儿学习与发展的重要载体，鼓励教师通过环境对幼儿实施潜移默化的教育，等等。这些无一不是幼儿身心发展规律和特点在幼儿教育中的反映。由此可见，对幼儿的正确认识以及对其身心发展特点的准确把握是学前教育得以成功的关键前提。

2. 幼儿发展知识有助于园长形成正确的儿童观和教育观

幼儿发展知识是帮助园长树立现代的儿童观的重要基石，而现代的儿童观是决定一所幼儿园如何开展保教工作，以及确定保教工作的核心任务的关键因素。园长作为一所幼儿园的领头人物，她的儿童观和教育观直接关系着整个幼儿园保教工作发展的方向。

很多儿童发展及认知理论，都提出儿童的学习是自主建构的过程。例如，皮亚杰的理论告诉我们，儿童是如何在最初具备的"动作"图式的基础上，在与周围环境相互作用的过程中，不断通过"同化"和"顺应"及"平衡化"而主动建构自己的知识结构和认知结构的。这样的理论从根本上改变了人们对儿童，对儿童学习与发展的看法，改变了教师对自己在儿童发展中的角色的看法。于是，如何尊重儿童、探索支持儿童主动学习的策略才成为学前教育研究的热门话题。当教师真正退到幕后，并且发现了一个又一个儿童令人惊喜的学习瞬间，于是我们开始真正确认儿童是一个主动的学习者，是有能力、有自信的学习者，进而改变了人们对儿童学习和儿童教育的根本看法。

当园长的儿童观遵循了科学研究成果，响应了《3～6岁儿童学习与发展指南》的要求时，那么他在指导其他教师的保教工作的过程中，就会将这种现代的、科学的儿童观潜移默化地传递给同行们，带动和激发同行教育观念的转变。

（二）园长指导保教工作时必备的幼儿发展知识

教师必须具备的"幼儿发展知识"可归纳为四个方面，依次是幼儿身心发展的一般规律、发展的年龄特征与个体差异、发展中的常见问题和有关儿童生存发展权利的法律法规。

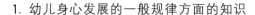

1. 幼儿身心发展的一般规律方面的知识

幼儿的生理和心理发展是随着其年龄的增长而逐渐成熟和完善的，其身心各方面的发展变化有规律可循。幼儿身心发展一般规律的知识即是要回答"什么是发展，发展是怎样一个过程，遵循着什么样的方向和路线，哪些因素影响发展"等基本而重大的问题。掌握这些知识是把握保育教育工作的方向和原则的前提。例如，大量研究揭示幼儿的认知发展经历着一个从感知运动阶段向前运算阶段转变的轨迹，这个顺序是不可逆转的。如果教师不按照这样的规律实施教育，不仅不能够有效促进幼儿的学习与发展，反而可能带来伤害。这也是为什么我们一直强调教师的教育应该抓住幼儿的最近发展区，而不是逾越最近发展区。倘若给幼儿提出大大超出其认知能力范畴的任务，这势必会严重地挫伤幼儿的学习热情及自信心。

2. 幼儿发展的年龄特征与个体差异方面的知识

只有深刻了解和把握幼儿身心发展的年龄特征，教师才有可能真正理解幼儿教育的原理、原则，并自觉地将其贯彻到教育实践中。

幼儿之间的个体差异反映着发展的多样性。每个儿童由于生物因素、环境条件及经历的不同，必然会形成发展的个体差异。这种差异既可能表现在发展的速度、水平和优势领域方面，也可能反映在智力和各种非智力因素方面。教师必须用发展的、积极的眼光看待差异，才能真正做到尊重每个幼儿的发展权。

多元智能理论的创始人加德纳对智力差异的态度值得学习，他不是简单地将智力差异看作"等级性"的，而是将它视为"结构性"的。也就是说，每个人都有自己的优势智力和独特的智力组合，都有自己的特点和风格，只要能发现和识别每个儿童的智力潜力和特点，就可以用适合其风格和特点的方式来促进其学习与发展。因此，不存在所谓的"差生"和不适合教育的儿童，只存在不适合儿童的教育。教育的目的就是发现和识别每个儿童的智力特点，因材施教，以长补短，长善救失，帮助他们实现富有个性的全面发展。

3. 有关发展中的常见问题与有特殊需要的儿童方面的知识

对比美国 PADC 与我国的园长专业知识的具体内容，我们不难发现，美国的园长知识体系中明确地提出了具备特殊需要儿童的相关知识是园长早期教育知识体系的一部分，而我国的园长专业标准对园长是否应该具备有关特殊需要儿童的相关知识的叙述并不清晰。而在现实的环境中，这一点又是不可避免而经常出现的，每个班都会出现所谓的"问题孩子"，园长经常会听到来自教师的抱怨和控诉。如何减少这样的"心声"，需要园长给他们提供建议，而掌握有关特殊需要儿童保育教育相关的知识是园长为教师答疑解惑的重要依据。

幼儿发展中难免会出现一些问题，如何解决问题，在笔者看来，鉴别问题的性质及成因是基础——是先天主导的，还是后天环境造成的？是生理方面的，还是心理方面的？问题的严重程度如何，造成问题的原因是什么？园长只有具备了相关知识，才能为教师的鉴别提供帮助。

4. 有关儿童生存发展权利的法律法规方面的知识

我国出台了《未成年人保护法》《教育法》《母婴保健法》《幼儿园管理条例》《幼儿园工作规程》等法律法规，以保障儿童的基本权利，促进他们的健康成长。作为园长，作为领导者，必须对这些法规知识了然于心，这样才能在指导保教工作的过程中，实现有法可依的理想局面。

二、幼儿保育教育知识

(一)幼儿保育教育知识对园长指导保教工作的意义

如果说幼儿发展知识主要解答的是幼儿的学习与发展特点是怎样的，以及为什么是那样的问题，那么幼儿保育教育知识就是回答怎么做的问题，即如何将这些知识应用于教育实践中，科学的幼儿园保育教育应该怎样实践，怎么做才是适宜的、有效的。这是为园长提供评价教师保教工作的重要参考依据。

1. 保教知识是园长指导保教工作的前提

幼儿园保育教育的目标是什么，怎样培养幼儿良好的学习品质，什么样的内容适合儿童学习，怎样的教育方式有利于幼儿学习和建构知识，等等，这些都是与保育教育密切相关的知识。园长只有掌握了这些知识，在查班的时候，才知道教师应该做什么，怎样做是正确的。掌握和理解这些知识影响着园长对教师保教能力的判断，影响着园长对保教工作的指导效果，同时，还会影响其对保教人员的选拔和聘用。

2. 保教知识是提升园长保教指导能力的重要基石

保教指导能力建立在扎实的保教指导经验的基础上，而保教指导经验是在一次次应用自身保教知识的过程中逐渐积累的。园长在指导教师保教工作的过程中，与教师已有的保教知识相互碰撞，甚至发生冲突，在一次次解决冲突的过程中，园长已有的保教知识体系会发生改变，同时，其对保教指导的策略也会不断完善，相应的能力也会不断提升。当园长真正理解了游戏对幼儿学习和发展的价值与意义，掌握了如何创设环境激发幼儿主动学习的知识，园长自身的专业能力也会在其创造性地应用这些知识的过程中得到提升。

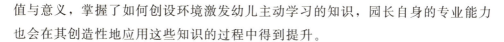

（二）园长指导保教工作时必备的保育教育知识

1. 有关幼儿园保育教育的目标、任务和基本原则方面的知识

幼儿园园长是担任幼儿园领导和管理工作的专业人员，也是幼儿园实施科学保育教育工作的总负责人，幼儿园保育教育质量的高低与园长如何指导实施保教工作有着密不可分的关系。而要想实现高质量的幼儿园保教工作，园长自身必须具备科学的、丰富的、与时俱进的保教专业知识。

在教育部 2015 年 1 月出台的《幼儿园园长专业标准》中，研究者认为园长领导保育教育的专业要求内容包括专业理解与认识、专业知识与方法、专业能力与行为三个方面。在专业知识这一维度下，研究者更是将"掌握国家关于幼儿不同年龄阶段的发展目标和幼儿园保育教育目标"置于首要位置。

毋庸置疑，任何一所幼儿园，抑或开展学前教育研究的机构或个人，倘若对国家层面的学前教育相关制度、机制和保障措施不清楚的话，那么任何努力和实践都是徒劳的。接下来，笔者将从国家、地区及园所自身层面，梳理幼儿园保教工作目标，显然，后两者是在国家层面的宏观目标中生发出来的适宜本地区、本园所的具体目标。

教育目标是国家教育目的的具体化。托幼机构根据自身特点、幼儿的年龄特征制定具体培养要求。当前，我国幼儿园保教的目标可以概述为：实行保教相结合的原则，对幼儿实施德、智、体、美等方面全面发展的教育，促进幼儿身心和谐发展。

（1）幼儿园保育教育的目标

幼儿园保育教育的目标是国家对幼儿园提出的关于其培养对象的规格和要求，它指明了幼儿教育的基本方向，是教育工作的指南针和方向盘。教师必须正确理解和把握幼儿园教育目标的内涵，将其转化为内在的"教育观念"并用于指导、检验和反思自己的行动，以使自己能始终保持正确的方向。

2016 年 3 月开始施行的《幼儿园工作规程》中明确指出，幼儿园保育教育的目标包括四个方面的内容：

（一）促进幼儿身体正常发育和机能的协调发展，增强体质，促进心理健康，培养良好的生活习惯、卫生习惯和参加体育活动的兴趣。

（二）发展幼儿智力，培养正确运用感官和运用语言交往的基本能力，增进对环境的认识，培养有益的兴趣和求知欲望，培养初步的动手探究能力。

（三）萌发幼儿爱祖国、爱家乡、爱集体、爱劳动、爱科学的情感，培养诚实、自信、友爱、勇敢、勤学、好问、爱护公物、克服困难、讲礼貌、守纪律等良好的品德行为和习惯，以及活泼开朗的性格。

（四）培养幼儿初步感受美和表现美的情趣和能力。

新规程增加了促进幼儿心理健康这一条，体现了学前教育对幼儿心理健康的关注。下面，笔者就具体对实施幼儿心理健康教育的方法进行阐述。

其一，营造温暖轻松的心理环境。良好的心理环境对幼儿健康成长的重要性前文已有叙述。这里再着重谈谈如何营造这样的环境。首先，教师个人要经常保持积极愉快的情绪状态，以积极乐观的情绪影响幼儿。教师是幼儿在园接触最多、对幼儿最有影响的人，是幼儿生活中的重要人物，教师情绪状态的好坏会直接影响幼儿的一日生活和学习，所以，教师要尽可能在幼儿面前保持良好的情绪状态，摒弃不良情绪。其次，教师要经常与幼儿一起谈论有趣的话题，活跃班级气氛。可以利用集体教学时间、谈话时间实施，也可以利用餐前饭后、自由活动时间、离园之前等时间段实施，有趣的谈话能让幼儿感受到轻松的气氛。最后，要欣赏、接纳每一个幼儿，承认幼儿的个体差异。教师对幼儿抱以欣赏的态度非常重要，以欣赏的心态、欣赏的眼光看待幼儿的一切言行，就能够容忍和接纳幼儿的一些不良表现，接纳能力较差的幼儿，并给予鼓励和支持，教师的这种做法也能让幼儿感受到爱和温暖。

其二，善于发现幼儿的优点，多给予鼓励和肯定。人非圣贤，孰能无过，更何况是心智发展尚未成熟的幼儿，他们在成长的过程中表现出这样那样的缺点都是正常的，如果教师总是用成人的标准和眼光去要求、去衡量，那对幼儿来说是不公平的。作为幼儿成长的支持者、引导者、合作者，教师应该去努力发现幼儿的优点，多给予鼓励和肯定，加德纳多元智能理论就是这一观点的有力支撑。多元智能理论认为，儿童有八种、九种乃至十种智能，每个儿童都有自己的智能强项，有的儿童在这个方面表现突出，有的儿童在那个方面表现优秀，教师的责任就是用儿童的智能强项去弥补和替代他的智能弱项。所以，教师要善于发现每个幼儿的优点，并对此多加鼓励和肯定。教师鼓励和肯定幼儿的方式多种多样，语言表达、肢体动作、甚至会意的眼神、开心的微笑都是对幼儿的认可，都能让幼儿感受到被鼓励和肯定。这里要特别提出的是，对幼儿的鼓励和肯定要有针对性，要具体，要让幼儿明白老师因为什么事情表扬自己。同时，还要注意在幼儿活动的过程中给予肯定，而不只是关注活动的结果。

其三，引导幼儿以适当的方式发泄自己的不良情绪。情绪在幼儿的心理活动中起着非常重要的作用，幼儿的行为充满情绪色彩。不稳定、波动大、外露是幼儿情绪特点的典型表现，这些特点与幼儿的心理机能(记忆、想象、思维、自我意识等方面)发育不完善有关，所以，幼儿常常表现出一些不良情绪。如与同伴玩得不高兴了就放声大哭，自己的某个愿望没有达成就破坏东西等，都是幼儿经常表现出来的不良情绪，教幼儿以适当的方式表达自己的不良情绪有助于调整心态，保护心理健康。教师一是要承认幼儿有不良情绪属正常现象，面对幼儿的不良情绪不能一味地斥责。二是要教给幼儿表达不良情绪的方法，如幼儿不高兴的时候，建议他看看动画片，玩自己喜欢的游戏，用绘画的方式把自己不高兴的情绪画出来，或主动讲给老师听寻求老师的帮助，还可以用条件反射消退的原理逐渐改变幼儿的不良情绪。

(2)幼儿园保育教育的任务

幼儿园保育教育的任务是幼儿园性质和功能的具体体现。新规程规定，当前幼儿园保育教育的任务是贯彻国家的教育方针，按照保育与教育相结合的原则，遵循幼儿身心发展特点和规律，实施德、智、体、美等方面全面发展的教育，促进幼儿身心和谐发展。对比旧规程，新的规程将旧规程中的"幼儿园同时为家长参加工作、学习提供便利条件"的任务删除。更体现了学前教育服务对象的专一性。

(3)幼儿园保育教育的基本原则

幼儿园保育教育的原则是幼儿园教师必须遵守的基本要求，保育与教育相结合是幼儿园教育总的特殊原则。"以游戏为基本活动""通过环境教育幼儿""教育渗透于一日生活"等可以说是保教工作的具体原则。

保教结合是我国幼儿教育的一大特色，也是幼儿园一贯坚持的原则，随着人类对自身研究的不断深入，特别是对幼儿身心发展研究的日益加深，遵循保教结合原则显得更为重要，其内涵也更加广泛、深刻。

保教结合是一个整体概念，保和教是教育整体的不同方面，同时对幼儿产生影响。保就是保护幼儿的健康，健康的内涵十分广泛，有身体方面的，有心理方面的，还有社会方面的。身体方面包括预防疾病，加强营养和锻炼，使幼儿有健康的体魄；心理方面是指培养幼儿良好的情绪，注重其健康、积极的情感培育；社会方面是指培养幼儿探索环境，适应社会的能力，同时还要培养幼儿良好的交往能力，使幼儿不仅有与他人交往的勇气，还掌握与他人交往的技巧。以前我们更多的是重视幼儿身体上的健康，而忽视了幼儿心理和社会方面的健康，致使一些幼儿情绪低落、波动大，性格封闭、孤僻，不知道如何与他人交往，这不能称为健康。

教即幼儿园的教育教学，按照德、智、体、美的要求，有目的、有计划地对幼儿进行全面发展的教育。例如，保证幼儿的合理饮食、睡眠，帮助他们养成良好的生活习惯，传授知识经验，发展智力、语言及社会适应能力，培养积极的情感和良好的个性品质。幼儿园教育具有不同于中小学的特殊性，要从幼儿年龄特点的能力需要出发，加以组织安排。

新规程指出，幼儿园保育教育应遵循下列具体原则：

（一）德、智、体、美等方面的教育应当互相渗透，有机结合。

（二）遵循幼儿身心发展规律，符合幼儿年龄特点，注重个体差异，因人施教，引导幼儿个性健康发展。

（三）面向全体幼儿，热爱幼儿，坚持积极鼓励、启发引导的正面教育。

（四）综合组织健康、语言、社会、科学、艺术各领域的教育内容，渗透于幼儿一日生活的各项活动中，充分发挥各种教育手段的交互作用。

第五，以游戏为基本活动，寓教育于各项活动之中。

幼儿园以游戏为基本活动，这是一个以价值判断为基础的规范判断。构成这一规范判断的前提是对游戏活动价值的认识，是对游戏在幼儿教育过程中应当占有什么样的地位的认识，是对游戏与幼儿教育之间关系的概括，是对游戏的教育价值的肯定。

《幼儿园教育指导纲要（试行）》指出，幼儿园教育活动以游戏为基本活动，通过多种活动促进幼儿发展，要求我们保障幼儿游戏的权利，为幼儿提供游戏的条件，尊重幼儿游戏的意见，使幼儿在游戏中获得游戏的满足和发展。

其一，游戏的价值。儿童游戏的生活理论明确阐述了"游戏就是儿童的生活，儿童的生活就是游戏"。儿童始终生活在游戏中，它通过虚拟情景以再现成人的社会经验与人际关系，从而使儿童认识周围世界。游戏是儿童的天性，爱玩的孩子往往蕴藏着更多的潜能。游戏是儿童早期特有的一种学习方式，是儿童的主要活动。游戏是儿童产生高级心理现象的重要源泉，是儿童社会化的最重要的途径。儿童游戏的心理发生机制是"本我唯乐"原则的体现，幼儿通过游戏可释放自身的情绪和情感，儿童自主游戏时的心态是最佳的心态，它有助于儿童身体、情感、认知、社会性的发展。孩子的"聪明"从哪里来？"从玩中来，从思考中来，从探索中来"，他通过游戏和多种活动在与环境的接触中积极主动地感知、操作、探索、发现，并与人交往，从中获得多方面的经验和能力。因此，从实际意义上

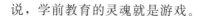

说，学前教育的灵魂就是游戏。

其二，保障幼儿游戏的权利。幼儿是具有独立人格的社会的人，是不同于成人的正在成长发展中的人。就像成年人需要工作一样，幼儿也需要游戏，哪里有幼儿，哪里就有游戏。幼儿除了满足生理需要外，还要通过游戏来满足精神的需要，游戏是幼儿的权利。任何侵犯幼儿游戏权利的做法都是错误的，如果把幼儿能否参加游戏当成是教师的特权，或以剥夺幼儿游戏权利作为惩罚幼儿的手段等，都是背离教育原则的。教师应当保证幼儿游戏的机会与时间，为幼儿游戏提供必要的条件，与幼儿共同游戏，在游戏中指导幼儿的学习活动，促进幼儿的身心发展。

其三，让幼儿成为游戏的主人。游戏是幼儿的自主性活动，是幼儿的需要，而不是成人强加的逼迫性的活动。我们应该让幼儿自己确定想玩什么、怎么样玩、和谁一起玩、在什么地方玩等等，幼儿是游戏的主人。平时指导幼儿游戏时，就需要我们用心去了解幼儿的想法，不要把知识和答案告诉幼儿，不要轻易地打断幼儿的游戏，在游戏中幼儿有权决定一切。例如，游戏的玩具、材料要以幼儿的需要、兴趣为出发点，要让幼儿用自己的方式解决游戏中出现的矛盾和纠纷，让幼儿愿意自觉遵守游戏中的规则。因此，我们要让幼儿真正成为游戏的主人，让幼儿主动控制游戏，自主决定游戏的方法。

其四，游戏与教育既是独立的又是统一的。就活动的本质来说，游戏和教育是两种不同的活动。游戏是一种不受外力约束的、游戏者自发自选的活动，而教育则是一种有目的、有计划地由教育者对受教育者施加影响的活动。因此游戏是由内在动机控制下的游戏者之间平等的自主活动，而教育是由外部要求控制下的教与学的双边互动活动；游戏侧重于从游戏者的需要、兴趣和能力出发来开展活动，而教育则是立足于以教育的目标、任务和内容为核心组织的活动；游戏是在游戏者已有知识经验基础上的自我表现活动，而教育以旨在使受教育者在一个未知领域里接受新知识的活动。就活动的方向来说，游戏和教育有着内在的联系。一方面，从游戏与教育的目的来看，游戏的价值在于实现儿童认识能力、运动能力、社会性和情感的发展，其每个方面的发展又含有众多的内容，可以说囊括了儿童身心发展的各个方面。教育的目的就是将儿童身心发展的各个方面纳入一个有计划的影响过程，通过德、智、体、美各方面促进儿童身心全面发展。只不过游戏是一个自然发展的过程，教育是一个有目的、有意识的培养过程，两者在终点上达到一致，即游戏和教育的结果都是儿童的发展。另一方面，从活动的内容来看，在游戏的自发探索过程中所涉及的关于自然界和社会生活领域的各种知识经验，创造过程中所涉及的想象、构思、操作，运动过程中所涉及的动作技能、大小肌肉的平衡协调力，游戏规则的内化过程中所涉及的对规则的理解、遵守和用规则进行的同伴协作交往，等等，正是德、智、体、美教育的重要内容。也正因为如此，才出现了对应于教育领域的游戏形式：更多体现造型想象的结构游戏（与美育有关），更多体现大肌肉动作技能的运动性游戏（与体育有关），更多体现人际交往能力的社会性装扮游戏（与德育有关），更多体现手脑并用和解题能力的智力游戏（与智育有关）。也许正是游戏内容与教育内容的这种一致性，才有游戏服务于教育的可能性，才有根据游戏的特点设计的教案。

总之，儿童的发展是游戏与教育内在联系的纽带，游戏对幼儿具有自然发展的价值，教育对幼儿具有引导发展的价值。游戏的特征和游戏的发展价值告诉我们，游戏这种活动形式，虽不是以获得系统而特定的知识和能力为目的的，但对前述能力的培养却是举足轻重的。为此，幼儿园教育必须谋求游戏与教育的结合。

其五，明确游戏既是教育的内容也是教育的手段。坚持以游戏为幼儿基本活动的原则，意味着要将游戏作为各种教育活动的手段，在保证游戏愉悦性的前提下，使游戏真正对幼儿的发展有所作用。同时，也要把游戏作为幼儿园一日生活活动的主要内容，而不要把游戏仅仅看作集体教学活动后的休息或其他活动的调节。

在游戏活动中指导幼儿的游戏。一方面，对于不同年龄段特征的幼儿要用不同的方法来指导游戏。例如，小班幼儿特别容易受外界环境的影响，喜欢模仿周围的人和事，因此幼儿在游戏时教师要时刻注意观察幼儿，当他们对新出现的玩具不感兴趣、不会玩、不喜欢玩或只喜欢玩某一类玩具时，教师可以在附近用与幼儿相同的或不同的材料玩游戏，这样就会引导幼儿模仿，对幼儿起到暗示性指导作用。对中、大班幼儿，教师则可以作为一个参与者、发问者、倾听者和解决问题的帮助者的身份去指导幼儿游戏，即幼儿在游戏中需要教师参与或教师认为有介入指导的必要时，幼儿邀请教师作为游戏中的一个角色或教师自己扮演一个角色参与幼儿游戏，通过教师与幼儿、角色与角色之间的互动，起到指导游戏的作用。在游戏的过程中教师还可以为幼儿提供一段时间，让幼儿把游戏中的过程体验、存在的问题、有创意的想法及做法等讲出来，通过幼儿之间的讨论，与幼儿已有的经验发生碰撞，引导幼儿以他们自己的方式来解决问题，分享经验。另一方面，对于不同的游戏主题要用不同的方法来指导游戏。教师在指导游戏时要根据每种游戏的特点及幼儿的需要来进行指导。幼儿玩游戏，由于使用的材料不同、游戏规则不同、幼儿在游戏中活动范围的大小等不同等因素，会表现出不同的特点和形式，在不同的游戏主题中出现的问题可能是不同的。在角色游戏中可能是因为不会与人交往而发生冲突，或材料不能满足需要而发生问题；在表演中也许就是对文学作品的理解、道具使用方面的问题；在结构游戏中可能需要的是技能或是提供辅助材料方面的指导。再就是对于同一主题不同的情节发展阶段要用不同的方法来指导游戏；幼儿在每一阶段的游戏情节中的表现和需要是不一样的，所以对每一阶段的指导也应不一样。教师如果不根据情节发展的需要来指导游戏，就可能使幼儿的游戏活动始终停留在原有的水平上。因此，在游戏中随着情节的发展，教师尽可能估计到幼儿已有的经验，及时发现幼儿游戏中新的玩法、想法，为幼儿提供多种质地、多种类型及功能的材料，只有这样才能满足幼儿的需要。

总之，幼儿园组织游戏时，教师要做活动的观察者、引导者，问题的解决者，适当的支持者、合作者，只有这样，才能让幼儿得到充分的发展，真正体验到游戏的快乐。"兴趣是孩子学习的原动力，游戏是孩子最好的学习方式，借助游戏这一丰富的教育形式，激发幼儿的学习兴趣，促进幼儿快乐的发展"，这是一位教师从教十几年最深切的体会。纵观我们的幼儿教育，尽管我们一直在提倡"游戏为基本活动"，但很多的幼儿园并没有真正做到。给孩子愉快的童年，让孩子在游戏中快乐发展，我们任重而道远。

其六，创设与教育相适应的良好环境，为幼儿提供活动和表现能力的机会与条件。

综观上述具体原则，总结起来，均反映了"幼儿为本"的保教原则。

《幼儿园教育指导纲要(试行)》指出，"幼儿园教育应尊重幼儿的人格和权利，尊重幼儿身心发的规律和学习特点"，"幼儿园应为幼儿提供健康、丰富的生活和活动环境，满足他们多方面发展的需要，使他们在快乐的童年生活中获得有益于身心发展的经验"。"幼儿园的教育是为所有在园幼儿的健康成长服务的，要为每一个儿童，包括有特殊需要的儿童提供积极的支持和帮助"，"要充分尊重幼儿生长发育的规律，严禁以任何名义进行有损幼儿健康的比赛、表演或训练"。

在美国，尊重孩子不仅仅是因为他们年龄小，需要爱护、关心和培养，还在于他们从出生起就是一个独立的个体，有自己独立的意愿和个性。无论是父母还是教师都没有特权去支配或限制他们的行为。特别是孩子，在成长中的大多数情况下，师长不能代替他们进行选择，所以要让孩子感到自己是自己的主人。

德国的幼儿园把以儿童为本位的教育理念作为出发点，根据孩子直线思维、重复思维的特点，采用情境教学，园内以角落主题布置为主，便于孩子通过情境更好地认识大自然，接触事物。德国的幼儿园还特别注重幼儿的社会行为能力的发展，如孩子独立思考的能力、人际交往的能力、互助合作的能力等。

幼儿园的一切工作都应围绕保教工作进行，这是幼儿园的管理目标和存在意义。因此，幼儿园工作必须坚持以儿童为本的原则。以儿童为本就要切实考虑幼儿的要求、幼儿家长的要求。教育者要尊重幼儿的人格尊严，满足他们的合理要求和精神需要，根据孩子年龄特点和个性特点实施教育，要相信每个孩子都有巨大的自我发展的潜力，面向所有孩子，在教育中最大限度地发挥每个孩子的主动性、积极性，让孩子学会做事，学会生存，学会认知，学会与人共处，这"四会"正是幼儿园教育目标的具体反映。

伟大的教育家洛克说过："父母越不宣扬子女的过错，则子女对自己的名誉就越看重，因而会更小心地维护别人对自己的好评。若父母当众宣布他们过失，使他们无地自容，他们越觉得自己的名誉已受到打击，维护自己名誉的心思也就越淡薄。"有人怀疑美国父母对孩子的尊重是否太过分了，但事实证明，受到父母良好尊重的孩子同父母大多非常合作，他们待人友善，懂礼貌，同大人谈话没有一点局促感，自我独立意识强。儿童心理学家认为，这些都是孩子们受到应有尊重的良好反应。

园长心声

读懂儿童，一切从"观察"开始

北京市西城区三义里第一幼儿园　刘晓颖

福禄贝尔将儿童称为"微妙而又全面地活动着的生命"。幼儿教师这个职业最让教师们费心的不是照顾孩子们的生活起居，更不是和他们一起游戏，教他们唱歌画画，而是每天要面对一个班级中几十个个性鲜明而又稚嫩、细腻、敏感的生命，并为了他们的成长而付出感情和智慧。如何读懂儿童，因材施教，因势利导，促进每个孩子富有个性、全面的发展？这个问题是我们在领会《3～6岁儿童学习与发展指南》(以下简称《指南》)"以儿童为本"的核心精神过程中，一直想要解开的难题。我们常说要读懂童心，走进儿童的心灵世界。其实"因材施教"的"材"就是指孩子们知道什么、掌握了什么、还可以做什么；"因势利导"的"势"就是指孩子们喜欢什么、想要做什么、需要达成什么心愿。"因材施教""因势利导"就是要求老师们去"观察"儿童，读懂每个儿童的兴趣、需要与特点，注意他们各方面的差异，以便更有效地支持、引导和拓展他们的经验，促进每个儿童的学习与发展。

要想读懂儿童"知道什么、掌握了什么、还可以做什么、喜欢什么、想要做什么……"就必须实施"观察"。"观察"对于教育工作的意义、作用毋庸置疑。但是，为什么一线的教师们一提到写"观察记录"就感到困难和茫然呢？我想，这可能是由于我们以往接触的观察方法要求教师科学、客观地记录，专业、翔实地分析，让忙于实践的一线教师们产生了畏难心理。另外，教师们每学期都会按要求撰写和上交大量的教育笔记、观察记录，而这些笔记和记录往往最终变成陈年文档，教师所做的"观察"与儿童的学习、教师的专业成长少有联系。长此以往，教师们对写观察记录的作用与意义就产生了疑问，虽然每周也都按时书写观察记录，但是对"观察"这个重要的反思性实践行为却仅仅以"为写而写"敷衍了事。

我们幼儿园在借助新西兰"学习故事"理念，引导教师了解、观察儿童的过程中，体会到"学习故事"所讲的必备环节"注意、识别、回应"与我们过去在观察记录中强调的观察、分析解读、教育策略是一致对应的。长期以来，各种观察方法也一直都在强调将教师的观察与观察后的分析、反思以及反思后的计划与行动联系在一起，因为只有这样教师实施的观察才更有意义。"学习故事"以形成性评价为目的，引导教师不仅要"看见""看到"儿童，更要认真注意、仔细识别、准确回应。这三个环节形成一种思维模式指引着教师一步步去发现儿童的兴趣、需要，辨识儿童的学习与努力，支持儿童的希望与计划，不断循环发展，实现一种反思性行动研究的过程。教师从观察"走近"儿童开始，不断联系儿童的玩与学、活动与延展，在儿童现有经验和将要发展的经验间搭建桥梁，最终得以"走进"儿童的内心世界。

"学习故事"之所以能帮助教师通过观察去读懂儿童，走进儿童童心世界，主要因为它是一种指引教师不断运用情感和智慧去观察的方法。这种方法让教师和儿童双方受益并获得成长。一方面，"学习故事"要求教师观察、寻找儿童的优势以及儿童能做到的，并为这种发现而不断调整环境，为儿童主动学习的"哇时刻"创造条件。"学习故事"鼓励教师带着"爱和喜悦的情感"去观察和发现，让情感带动记录，让记录影响行动，吸引教师重新回归到观察孩子、记录游戏、评价发展、设计计划的专业工作之中。教师带着欣赏和发现的眼睛去观察、倾听、记录，发现儿童兴趣、需要、特点，探寻儿童行为背后的理论，努力成为儿童智慧的大玩伴……通过观察与记录一篇篇的"学习故事"，教师逐渐将工作状态变被动为主动，将师幼关系变消极为积极，成为观察、研究儿童并不断调整教育行为的主体，自身的专业能力也得到了锻炼。另一方面，"学习故事"通过第二人称或第一人称对儿童的学习过程进行翔实的记录，教师用照片和充满温度的文字对儿童的学习过程进行记录和肯定，教师和家长还会和孩子们分享他们自己的学习过程，对他们下一步计划进行支持和推进……这一切都会让孩子们感受到来自成人世界的尊重、友好和关爱。在这样氛围下成长的孩子有什么理由不敞开心扉，迎接成人的走进，和教师一起开心、自由、积极、主动地学习呢？

师幼的共同成长又一次证明，我们所做的一切全都源于"观察"。在学习、借鉴"学习故事"后，我们不仅引导教师通过观察记录儿童的"学习故事"，关注、分析儿童是怎么学习的，还鼓励、支持教师相互讨论和解读儿童行为背后的原因。教师关注到孩子当下感兴趣的、已有的经验、能够接受的学习策略是什么，进而判断孩子们想做的、能做的，通过下一步计划适时跟进追随和支持儿童的学习与发展。这种基于"观察"的教与学模式不仅尊重了儿童学习的主体地位，让儿童学习的内容和过程不再局限于书本和教材，更为儿童的学习提供了带有生成性和可能性的广阔空间，实现了"教学源于观察，课程源于儿童"的课程要求。当教师们用"心"而不只是用"眼"去观察儿童时，"观察"对于儿童发展的影响就不会仅仅局限于书面上呆板的文字，而是"有生命、有温度、有力量、有色彩"的教育。学习故事这种"观察"方法帮助幼儿园实现了发现儿童的力量，支持儿童的主动学习，延展儿童的"微课程"主题活动，整合园本课程资源，形成"有生命、有温度、有力量、有色彩"的教育理念等各项工作的联结。当我们在探索适宜幼儿园实际需要的、独有的课程与发展模式时，我们发现，一切从"观察"儿童开始，自然会水到渠成。

2. 有关幼儿园教育的内容、途径和方法方面的知识

幼儿园应该教什么？应该怎样教？这是关系到幼儿园教育目标能否实现的根本性问题。幼儿园教育的特殊性在于，幼儿不像中小学生那样是借助于"课本"来学习的，对幼儿来说，自然与社会就是"活教材"。幼儿园园长在检查教师保教工作的时候，需要从内容的组织、实施去综合考量。《幼儿园教育指导纲要（试行）》对如何选择教育的内容、如何组织幼儿园的教育活动等问题都做了原则性的规定，幼儿园园长必须深刻理解这些规定，并且能够联系一线教师的实践，掌握这些规定在教育实践中的具体表现，这样在指导的过程中，才不会看不出问题，听不到疑问。

园长手记

从"老母鸡"变"魔法师"

——教师发展案例引发的思考与转变

北京市西城区三义里第一幼儿园　刘晓颖

"老母鸡"保护小鸡奋不顾身，而"魔法师"变幻莫测，充满神秘感，令人崇拜。"老母鸡"和"魔法师"是风马牛不相及的两种事物，和我们幼儿园的老师有什么关系呢？

我们幼儿园的教师队伍平均年龄超过 40 岁，一些中年教师对待孩子的态度，就像老母鸡无微不至地爱护小鸡一样，只要孩子们"有困难"，老师就会马上冲到孩子前面，伸手帮他们解决困难。何老师就是这样一位中年教师，她对工作，态度认真负责，每次进班检查我都会看到她忙碌不停的身影，进餐时间也经常发现她蹲在孩子身边喂孩子吃饭。我问她："为什么孩子都上大班了还要喂？"她很认真地回答："她咀嚼能力差，不喂吃不饱。"要说这样的老师不好，真是委屈人。但是，"老母鸡"式的包办代替不仅不能促进儿童的学习与发展，反而会剥夺孩子主动学习与成长的权利。作为管理者，我们急需帮助老师们转变"我不说你不懂""我不教你不会"的传统认识，树立尊重儿童的主体地位，相信儿童是有能力的学习者这样的教育理念，放手支持儿童在游戏中自主学习与发展。

2014 年 1 月，我园党支部联合教研部门成立了反思性行动研究学习小组，通过观察教师教育行为，与教师开展访谈活动，组织教师研讨学习……广泛而深入地了解老师们实践工作中的困惑与问题，引导教师树立"以儿童为本"的儿童观、课程观，通过观察记录儿童在生活和游戏中主动学习的叙述性故事，转变视角与教育行为。在这种背景下，"老母鸡"式的教育模式会发生改变吗？教师自身有怎样的感受？我们通过下面的案例一窥究竟。

一天上午，我刚来到操场就看到孩子们蹲在玉兰树下投入地摆弄地上的玉兰花花瓣。他们有的在捡花瓣，有的将花瓣摆成一排进行点数，还有的尝试把花瓣拼成漂亮的图案……何老师一看到我便兴奋地对我说："刚才我们班的孩子发现了玉兰花花瓣上有字母，我们正在找这些字母到底从哪儿来的。"这时有几个孩子走过来说："我们在猜是谁印上去的。""是不是何老师变出来的，何老师可是一个厉害的魔法师呢。""何老师可不是魔法师，你们才是魔法师。这些花纹就藏在你们身上。""可能是我们鞋上的图案。""这个字母是怎么印上去的呢，是谁鞋上的字母呢？""我们来破案吧！"何老师和孩子们边说边脱下鞋子坐在地上开始寻找答案。

"老师，我发现我的鞋底有好多圆圈和这片花瓣上的圆一样……老师我发现了一个 A……老师我这还有数字呢……"听到这些，刚才没脱鞋的小朋友也马上脱了鞋，仔细观察起自己鞋底上的花纹或文字来。

看着孩子们兴致高涨，何老师启发孩子们——试试可不可以在花瓣上制作出自己的花纹和密码，孩子们马上行动起来，有的直接把花瓣放在地上用脚一踩，有的在操场上四处寻找可以刻印花纹与符号的模具，还有的找来了树枝、牙签等工具小心刻画……从孩子们脸上的神情可以发现，此刻他们似乎变成了一个个小侦探、雕刻师、发明家，他们用天马行空的创意以及专注的研究精神，创造了香水卡片、拓印画、密码游戏，我在惊叹于孩子们爆发出强大学习能力的同时，也真切地感受到了何老师在教育观念与行为上的转变。

整整一个下午，孩子们在户外活动时一起数花瓣，印花纹，认识图案与字母，何老师更是满脸的兴奋与投入。看着与孩子们一起坐在地上的何老师，我感到她读懂了孩子们的内心，她的教育智慧帮她成为孩子们非常信赖的大玩伴。

案例解析

是什么让保护小鸡不遗余力的"老母鸡"变成了如今这样充满创造力的"魔法师"呢？是什么让教师习惯了的高控行为变得如此生动有趣、丰富活泼呢？针对这个案例，我们党支部组织党员干部进行了深入讨论。大家认为，党的十八大要求广大党员同志解放思想、实事求是、与时俱进、求真务实，要求广大党员干部要始终把改革创新精神贯彻到治国理政的各个环节中，要求广大党员要在强化理论学习、密切联系实际、创新学习方法、发挥示范作用上下功夫……联系到我们的工作实践，党支部首先需要厘清我们的办园思路，帮助教师树立科学、正确的教育观，打破现存的思想壁垒，创新性地改革教育教学管理工作，通过放手与赋权最大限度地激发教师爱生热情，鼓励教师创新教学方式，做师幼共同学习与发展的引领者。

一、对教育观念的破与立

我们幼儿园在课程改革中，引导教师将备课、研课的工作重点向观察、辨识、评价儿童学习的反思性行动研究转移。在这个过程中先后打破了"请你像我这样做""我不教你不会"的儿童观，打破了影响和限制儿童主动学习与发展的一日生活时间、空间、材料、规则等常规要求，打破了"传道授业解惑"的教师施教模式，打破了成人"找错""纠错"为儿童贴标签的心理。引导教师树立"相信儿童是有能力、有自信的学习者，是一定环境中积极主动学习、自主发展的主体"的儿童观，树立因时因势动态、弹性调整课程的管理意识，树立"倾听—等待—记

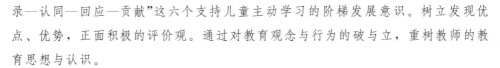

录—认同—回应—贡献"这六个支持儿童主动学习的阶梯发展意识。树立发现优点、优势，正面积极的评价观。通过对教育观念与行为的破与立，重树教师的教育思想与认识。

二、对课程组织的放手与赋权

为了更好地发挥教师作为教育者的主导力量，我们将幼儿一日生活环节安排进行了重新整合，将教师从琐碎的集体活动组织中解放出来，为幼儿自主游戏、教师关注儿童预留出时间和精力。我们提出管理者进班"只看孩子不看墙"的管理理念，将教师从无休止的环境创设工作中解放出来，赋予教师关注每位儿童学习与发展的教育权。我们改革文字管理制度，强调"行动比书写重要，思考比行动重要"的反思方式，将教师从繁重的文字工作中解放出来，赋予教师大胆尝试、不断反思与实践的行动权……在这个过程中，教师越来越明晰自己作为课程实施者的主导身份，真正成为儿童学习与发展的引领者。

三、对教师施教能力的激发与支持

我们尝试改变常规教师专业能力培养方案，引导教师运用注意、识别、回应这套思维模式观察、记录儿童日常的学习成长故事。教师们通过记录、分析、探讨儿童主动学习的行为特点、规律及支持策略，转变了一成不变的思维模式，大胆在反思、质疑中创造性地解决问题。现在，教师们的忙碌是为了支持、推动儿童的学习，及时调整桌椅的空间设置，想方设法寻找收集各类材料，与儿童一起计划下一步行动，提出启发性问题，提供启发性材料，将儿童的兴趣引向深入……教师的施教能力在实践中得到了磨砺与提升。

玛格丽特·卡尔教授说，"不要把早期教育实践工作者培养成为技术人员，而要将他们视为有道德和有思想的理论家和评论员，同时又是有爱心和有能力的教师。"一线幼儿教师往往没有高深的学术性知识，但他们拥有丰富的专业实践知识，而这些知识更多的应该是在"做"的过程中和"实践"的过程中显现出来。从"老母鸡"变"魔法师"的案例说明，对于教师专业能力的培养，应该摒弃枯燥的理论和高大上的说教，只有将教师的教育视角引到儿童身上，将教师的教育行为落实到观察、分析儿童的学习与发展过程中去，通过放手和赋权让教师获得自主发展的主导权、原动力和行动能力，才能真正达成儿童与教师双主体的共同发展。区教委曾提出"校校精彩、人人成功"的理念。对于教师来说，成功的意义并不是人人都成为校长、园长、管理者，而是人人都能获得自主发展的空间，收获魔法般成长的快乐。

3. 有关幼儿园卫生保健与安全方面的知识

虽然幼儿园的卫生保健与安全都有专门的人员负责，但是卫生保健作为幼儿保育的重要内容，关系着全体幼儿的身心健康，园长了解相关的知识，才能更好地指导和考察保育员、保健医生等人的工作，及时发现问题，为更好地开展保育工作献计献策、为幼儿园的发展增加更多的安全筹码。

随着社会的发展，儿童保健措施的完善，疾病引发的死亡率下降，意外伤害已经成为导致幼儿死亡的首要原因。近年来，幼儿园意外伤害事故日益成为人们关注的焦点，幼儿园的孩子均是未成年人，没有民事行为能力，他们在幼儿园受到伤害或者是伤害了他人，责任应该由谁来承担？对幼儿园意外伤害事故认知的关注，首先来源于对当前幼儿园意外事故发生频率极高这样一个严峻现实的思考。2003 年，国务院妇女儿童工作委员会办公室曾经对儿童意外伤害问题进行分析调查，调查表明，意外伤害已经成为我国 14 岁以下儿童的第一死因。近几年，幼儿园安全事故频发，如食物中毒、设施不良、外来侵害等原因造成的幼儿伤亡事故不断增多，给儿童幼小的生命和健康带来严重的危害。基于此，我们认为，幼儿园保教工作的核心是确保所有的儿童生命安全，以安全为重是保教工作管理的重心。

幼儿园的安全工作是幼儿园工作的重要内容之一，扰乱幼儿园的正常的工作，重则危及幼儿的人身安全。因此要切实加强幼儿园的安全教育，提高幼儿和教师的安全防范意识，加强幼儿园的安全防范措施，做到安全工作常抓不懈。在事故发生后，要理性分析出现安全事故的责任归属，努力将伤害和损失降到最低。

4. 了解幼儿学习与发展的基本方法方面的知识

幼儿学习与发展的基本方法很多，如观察法、作品分析法、调查法等，教师通过这些方法可以获得具体生动的信息。应用所学知识分析这些信息，能够帮助教师深入理解所教幼儿的特点、需要，从而给予有针对性的教育引导。园长对这些方法的熟练掌握，可以帮助其解答教师在面对带有明显个性特征的幼儿时不知所措的困惑。不可否认，幼儿发展知识奠定了教师理解儿童、理解儿童学习与发展的理论基础，但这些知识是有一定局限的。因为它所描述和展示的幼儿和幼儿发展是标准化的、带有一般性特征的，而教师在教育实践中所面对的却是非标准化的、鲜活生动且带有明显个性特征的幼儿。

5. 有关幼儿园与其他阶段教育衔接方面的知识

儿童的学习与发展是一个连续的过程，儿童的教育也应该具有连续性。《幼儿园教育指导纲要（试行）》明确指出，"幼儿园教育要与0～3岁儿童的保育教育以及小学教育相互衔接"。为了给儿童提供具有连续性、协调性的学习经验，《幼儿园教师专业标准（试行）》要求幼儿教师要"了解0～3岁婴幼儿保教和幼小衔接的有关知识与基本方法"。0～3岁幼儿的保育教育大多是在家庭当中进行的，因此，幼儿园与0～3岁儿童的保育教育的衔接更多体现为与3岁前幼儿家庭教育之间的衔接。为此，教师要了解3岁前儿童与3～6岁儿童在身心发展特点上的共性和差异，明确幼儿在入园适应时期可能存在的常见问题以及克服入园适应问题的方法，以便提前指导家长做好入园准备，减少孩子的分离焦虑和其他适应中的困难。此外，幼儿园教育的任务之一是为儿童入小学学习做好准备。为此，幼儿园教师还要了解小学与幼儿园在教育目的、内容、组织形式上的差异；了解小学教育对幼儿入学准备的要求，正确理解"准备"的内涵，帮助幼儿在认知能力与基础知识、学习态度与习惯、社会适应等方面打好基础，以便儿童顺利接受小学教育。

 **园长心声**

对幼小衔接教育的几点思考

北京市西城区三义里第一幼儿园 刘晓颖

幼小衔接是幼儿园和小学教育两个教育阶段平稳过渡的教育过程，也是儿童成长过程的一个重大转折，这个阶段处于以游戏和能力发展为主的教育方式向以正规课业和静态知识学习为主的教育方式转化的阶段。在此阶段如果衔接不当，有可能就会造成孩子身体、心理和社会适应性方面的种种问题。身体上的不良反应是，孩子会容易疲惫、食欲不振、精神状态差、心理压力大、自卑、厌学，社会适应性方面表现出孤僻、不敢跟人说话、不爱与同学沟通。这些问题都对孩子以后的人生有很大影响，帮助儿童调整身心顺利渡过这段转换期，幼小衔接的重要性由此可见。

一、幼儿园的教育是什么样的

幼儿园和小学是幼小衔接的两端，小学和幼儿园都应了解彼此的教育方式，知己知彼才能做好有效衔接。二十世纪八九十年代以前，幼儿园的教育方式就是小学教育的下延，幼儿园大班就是小学教育的学前班。除保育工作特点比较突出外，幼儿园的教育教学活动基本上都是按照小学老师组织课堂教学的模式，通过上课来帮助孩子们学习知识与技能的。1996年，国家教委依据《中华人民共和国教育法》，制定并颁布了《幼儿园工作规程》，明确指出："幼儿园教育工作的原则是体、智、德、美诸方面的教育互相渗透，有机结合。"这里把"体"放在第一位，也就是说与"体、智、德、美"不同的是，让幼儿健康成长，快乐生活，获得身心和谐发展是幼儿园教育工作的第一要务。从那时起，国家层面提出，幼儿园要改变分科教学模式，重视游戏活动、生活活动，通过整合课程目标与内容来开展综合性教育教学活动，让幼儿在更多机会与选择中体验学习。《幼儿园工作规程》精神中体现出的这些变化，使学前教育者开始重新思考幼儿园教育的定位问题，开始重视幼儿期特有的成长规律与学习特点，教师们对学前教育工作的特殊性和重要性的认识有了明显提升。

2001年，教育部在指导幼儿园教育工作的纲领性文件《幼儿园教育指导纲要（试行）》（以下简称《纲要》）中对幼儿园教育内容进行了"健康、语言、社会、科学、艺术"五大领域的具体划分，这相当于小学课程设置的学科内容。但《纲要》同时又要求："各领域的内容相互渗透，从不同角度促进幼儿情感、态度、能力、知识、技能等方面的发展。"凸显了幼儿教育的整体观，即教育目的是"促进幼儿整体、和谐、完整地成长"。而这种完整地成长是通过分学科、分领域教学所不能达到的。完整地成长不仅是指外在的完整，人的内在系统包括感知觉、情绪、心理和思维认知等的发展才是让人认识自我、学会做人、融入社会、拥有幸福生活、收获完整发展的关键因素。幼儿特有的生活方式和学习特点决定了幼儿园的课程必须与游戏和一日生活相整合。游戏是幼儿的基本活动形式，是幼儿生活经验的反映，在幼儿园里是孩子们开展频率最高的活动。幼儿会把广泛的生活内容反映在游戏活动之中，也会把丰富的学习内容反映在游戏之中。幼儿往往在游戏的过程中获得身心健康、和谐的发展，从中习得一些知识或某些技能。经常会有人说："你们幼儿园学什么呀，不就是玩嘛。"的确如此，幼儿园孩子们主要的任务就是玩。因为玩不仅可以愉悦身心，更重要的是玩是最适宜幼儿学习的方式。玩可以帮助幼儿在操作摆弄玩具材料的过程中感知事物特征，理解抽象的符号和概念；玩可以使幼儿在各种角色的扮演中体验不同情绪，发展觉察与表达情绪情感的能力；玩还可以帮助幼儿在面对冲突和矛盾时学会调适自己的行为。所以，3~6岁孩子的学习区别于我们通常意义上对"学习"这个词汇的理解，即学了多少知识、掌握了多少技能。在幼儿期，孩子们通过各种各样的玩积极获得的情感态度以及丰富的经验积累，是支持他未来学习与幸福生活的宝贵财富。也就是说，一个人在幼儿期参与的活动越多、操作探索的越多、好奇感兴趣的越多，他应对未来不确定性学习的方法也会更多、力量会也更强大。

2012 年，教育部颁布了《3～6 岁儿童学习与发展指南》(以下简称《指南》)，进一步明确了 3～6 岁儿童学习与发展的特点和可参照的目标。提出既要提高幼儿园教育质量又要杜绝幼儿园教育小学化，避免拔苗助长，提前剥夺孩子们快乐游戏与生活权利的做法。因此，目前幼儿园课程在以游戏为主要活动的同时还兼有小组活动、集体活动、生活活动等多种课程模式。这些模式灵活地整合在幼儿一日生活之中的各时间段中，使幼儿的生活、游戏、学习丰富多彩，也确保了幼儿能获得较为全面的学习与发展。

二、幼儿园是怎样开展幼小衔接教育的

幼小衔接这个重大的转折过渡期对于幼儿成长的重要性不可忽视，幼儿园常常会把幼小衔接工作作为保教工作的重点来落实开展。作为一项全面的、整体的工作，幼小衔接工作在幼儿园阶段，不仅要引导幼儿学会小学预备期需要的对数字、数量等知识、技能的认知理解，还要重视在生活中培养幼儿基本的生活自理能力，发展幼儿解决问题的能力，鼓励幼儿大胆表现、表达，帮助幼儿学习控制与调节自己的情绪等。例如，在"我要上学啦"的主题活动中，老师带大班孩子参观附近的小学，让孩子们在小学操场上自由奔跑，和孩子们手拉手一起测量小学的操场有多大。通过组织孩子们讨论小学与幼儿园的异同，鼓励孩子们画出所参观小学的地图；甚至和孩子们一起制订一周锻炼计划，认识一分钟有多长、十分钟可以做什么。在生活方面，老师还会通过让孩子们自己带书包和水壶，在班里模拟小学上课和课间休息的场景，让孩子们在这个过程中自己安排喝水、如厕、整理书包，还可以进行削铅笔比赛、在田字格上画画……围绕"我要上小学"这样一个中心内容，有趣的活动一个接一个地开展。孩子们对小学生活的向往之情被激发出来，学习能力、习惯以及时间意识、任务意识、规则意识得到了全面的培养和锻炼。

小学的语文课堂教学重视对学生"听、说、读、写"能力的培养，其实幼儿园也十分重视在语言领域活动中培养幼儿的"听、说、读、写"能力，只不过此"听、说、读、写"非彼"听、说、读、写"。幼儿园语言教育的主要目标是"倾听与表达""阅读与书写准备"。"倾听与表达"对应的是小学的"听、说"能力，幼儿园语言教育要求老师要抓住儿童语言发展关键期，通过节庆活动、大带小活动、亲子活动等为幼儿搭建敢说、爱说、会说的语言交流环境。在实际生活中，我们有游戏分享时间、讲故事时间、谈话时间……教师们要求幼儿在别人说话时要安静、注意听，自己说话时要大方、清楚、完整地说出自己的想法。听和说的能力更多是在沟通和运用中获得锻炼的。"阅读与书写准备"对应的则是小学的"读、写"能力，我们把幼儿园的阅读称作"前阅读"，把孩子们的写写画画称作"前书写"。因为这里的"读"不是要求幼儿读文字，"写"也不是要求孩子们写标准的字。例如，"阅读"是通过为孩子们提供高质量的图画书，引导幼儿通过触摸书籍、听成人讲故事、自己观察画面、发表见解、进行猜想等方式，激发幼儿的阅读兴趣，培养幼儿的阅读习惯，锻炼幼儿的思维判断能力。有时候，孩子们读懂了这些故事，他们会用画笔把自己的感受画出来，用充满稚趣的符号概括自己的想法，我们将这些行为定义为"前书写"活动。这些活动是孩子们用笔和符号，对小肌肉的灵活性和思维的抽象概括能力所进行的最好的练习。前阅读、前书写教育帮助孩子们逐渐建构起对书的功能、阅读行为的认识，使孩子们在兴之所至的活动中逐渐理解字形与字音、字形与字义的对应，这些都是为小学"听、说、读、写"活动做的基础性准备工作。

三、什么是适合孩子的教育

也许会有老师问：幼儿园这么好，为什么有的孩子到了小学还是坐不稳，待不住，不遵守集体纪律，没有好习惯，甚至有些孩子很个别。其实，这些也是我们幼教工作者需要时刻思考和研究的课题。小学主要是以集体统一的文化课学习为主，而幼儿园阶段虽然也有统一的集体学习，但比较注重个性化活动。对于初入小学、注意力原本就保持时间不长的孩子，在最初适应这种统一安排时是有难度的，这就导致了注意力不集中的问题。但随着正确方法的引导，孩子年龄的增长，这种情况是会逐步改善的，这个过程就是孩子自然成长的过程。这种情况的出现和目前幼小教育的着眼点不同，教育定位差异密切相关。

在幼儿园教育方面，老师们越来越认识到，由于教育对象身心发展不仅是飞速的，还同时具有脆弱性、差异性和可塑性。所以，重视儿童的整体发展，尊重儿童的个体差异，尊重儿童独特的学习特点与方式，重视对儿童学习品质的培养，这些基本原则在《指南》中被提出。幼儿园所有工作的出发点和中心点是儿童，很多幼儿园一直在工作中提倡和践行着"以儿童为中心""让儿童快乐生活"的基本原则。也许，幼教人的教育观念过于理想化，实际做得还远远不够。但如果换个角度想一想，幼儿园大班的孩子和小学一年级的孩子在年龄上、能力上、身心成熟度上又有多大的差别呢？当我们遇到学习能力和习惯不能达到统一标准的孩子时，无论是幼儿园老师，还是小学老师是不是都应该正视孩子们之间的不同，更多地去发现和理解孩子们的差异与需要，甚至为孩子们留出一小段等待成长的时空，做出一些顺应发展的改变呢？

诚然，进入小学阶段，意味着儿童要适应更大的压力。在学前领域中流行着这样一句话："孩子是脚，教育是鞋。"鞋合不合适，只有脚知道。这句话其实对所有年龄段的教育都是适用的。孩子是脚，教育方式方法就是鞋，鞋大鞋小都会使孩子不舒服，都会扭曲他们的成长过程。教师作为造鞋的人只有想方设法了解孩子身心发展规律以及他们的需要与感受，不断调整自己的认识与行为，才能创造出让孩子们可以舒适穿着、快乐奔跑的鞋子。

总之，幼小衔接教育是幼儿园与小学共同面对的一道难题，也是幼儿园与小学应该共同研究的教研课题。解开这道题没有捷径，以幼儿为主体，努力去了解孩子，为孩子们想要的、需要的去调整和改变我们各自的教育手段和方法，让孩子们得到身心适宜、健康的发展，才是我们追求的最终目标。

三、领域相关的知识

这里的领域相关的知识主要有三大内容：自然科学知识、人文社会科学知识与艺术素养。

（一）领域相关知识对园长指导保教工作的意义

1. 领域相关知识是园长指导解决保教工作中具体领域相关问题的基石

在一项研究中，研究者请参加设计的近百名教师围绕"影子"这个主题为大班幼儿设计活动方案。分析所有的活动方案后发现，真正能够调动幼儿思考的积极性，引导他们去关注和发现光与影之间关系的设计可以说是凤毛麟角。虽然不少方案将"探索光和影的关系"作为活动的目标，但具体探索什么关系，怎样探索，需要提供什么条件，这些问题基本都没有涉及。

造成这种现象的原因是教师本身缺乏相关的物理学知识。这种情况不仅表现在科学教育领域，在语言、社会、数学等领域类似情况也比较普遍。园长倘若具备了这些知识，那么她在指导教师设计并实施一次类似的集体教学活动时，就可以为教师提供有效的指导。

2. 领域相关知识是园长指导保教工作提升的催化剂

领域相关知识是孕育教师文化素质和教育素养的土壤。而"文化"对于一个人而言，意味着学识水平、知识视野、思维品质、审美情趣和人格修养，体现着一个人的基本素质。园长在教师心目中是智慧的化身，是无所不能的化身。当园长在任何领域的活动中，都能为教师提供可行的建议或方案时，可想见其在教师中的威信会大大提升。

(二)园长指导保教工作必备的领域相关知识

1. 自然科学知识

自然科学以自然世界为研究对象，其分支学科包括了物理学、生命科学、环境科学等。自然科学知识的学习有利于教师掌握幼儿科学教育中所必需的内容知识。事实上，教师只有掌握了基本的自然科学知识，才能指导幼儿探究活动的方向，帮助幼儿感受大自然和科学的奇妙，体验发现的快乐。但幼儿教师应学习的自然科学知识不只是简单罗列的科学事实，也不只是"零散、偶然"的科学知识，最重要的是学习和掌握自然科学知识体系当中的核心概念、探究和表达科学知识的方法、自然科学的基本理论体系及科学观。只有教师自身形成了正确的科学观，才能在科学的世界观引导下，以实事求是的态度与儿童一起进行探索和学习；只有教师掌握了科学探究的方法（观察、猜想、推理、交流等），才能更好地反思与改进自身的教育教学，支持幼儿进行科学探索，培养幼儿科学探索的方法和精神。幼儿园教师需要的自然科学知识虽然在广度和深度上远不及相关学科的专家，但也应有一定的知识储备。从广度上来说，至少要包括与幼儿生活中常见事物、常见现象相关的科学知识；从深度上来说，不仅要了解单个事物、现象的表现，还要了解事物、现象之间的联系，以及事物、现象产生的前因后果。

2. 人文社会科学知识

人文社会科学知识是人文科学知识和社会科学知识的总称。人文科学知识是那些探讨人的生命存在和生命活动的知识，即人的本质的知识；社会科学知识探讨人的生命存在和生命活动在不同方面的表现，即人的行为的知识。人文科学知识包括了语言学、文学、历史学、哲学等学科知识，社会科学知识则包括了经济学、政治学、法律学、社会学等学科知识。人文社会科学的学习有利于幼儿教师提高文化修养，树立正确的人生价值取向与理想追求，塑造丰富的精神世界。所谓"腹有诗书气自华"，丰富而广博的人文社会科学知识无疑能提升幼儿教师的文化气质。幼儿教育从某种意义上来说，是一种极具人文精神和人道主义的事业，幼儿园教师的工作是在平凡之中彰显其价值。人文社会科学知识有利于增强幼儿园教师对自身工作的认同感，促进其对幼儿教育工作的意义和价值的理解。同时，人文社会科学知识也是幼儿园教师"教学内容知识"的基础。例如，对历史学研究方法和核心概念的学习，有助于教师支持幼儿学习、记录、讨论发生在他们生活中的变化，回忆和体验他们亲历的"历史"，引发幼儿"爱家乡、爱祖国"的真实情感。当然，幼儿园教师对人文社会科学知识的学习同样要抓住关键，多读书，读好书，利用网络、电视、广播、博物馆等多种形式掌握必要的人文科学知识，以丰富自己的文化底蕴，并在此基础上，深化和理解幼儿教育的内容，开发幼儿教育的课程资源，开展富有成效的教育教学。

3. 艺术素养

艺术教养指的是欣赏、感受、认知和表现音乐、舞蹈、绘画、雕塑、文学、戏剧等艺术形式的能力。但在幼儿教育实践中，却长期存在着把幼儿园教师的艺术素养等同于"吹拉弹唱跳"等技能的误区，忽视了艺术素养应该是一种深刻的思想、自由的精神、独立的人格以及正确的审美价值观，是感受美、鉴赏美和创造美的能力。艺术素养之于幼儿园教师的重要性，首先体现在与幼儿教育内容和幼儿学习特点的密切关系上。幼儿的思维处在直觉行动思维和具体形象思维阶段，幼儿园教师采用一些艺术化的表现手法，如音乐、舞蹈、美术的形式展开幼儿教育活动，或以艺术的形式创设幼儿园环境，更符合幼儿思维的特点，更能激发幼儿的学习兴趣，并且能促进幼儿感受、欣赏和表现美的能力的发展。其次，提高艺术素养还是幼儿园教师个人审美观念、精神境界提升和创造性表达的需求。教师应该理解艺术审美与创造的本质，在艺术的熏陶下，提升自己的审美情趣和道德修养，将自己塑造为美的使者。最后，艺术与创造天然地存在着联系，艺术领域充满着天马行空、不拘一格的想象，真正把握了艺术本质的教师设计和组织的幼儿艺术教育活动，一定会把支持和鼓励幼儿的自由表达与创造作为基本追求。

4. 其他方面的知识

除上述三项主要领域相关知识外，园长也需具备其他方面的一些知识，现代信息技术主要指计算机技术，这个概念也包括可以整合到计算机技术的其他新技术，如电信、多媒体、网络等多种技术。现代信息技术已经成为这个时代的生活环境和文化特征。以计算机为核心的信息技术的普及已经成为一种趋势，它不仅走进了家庭、学校，也走进了幼儿园，走进了幼儿的生活环境当中。信息技术为教师提供了获得信息的手段，同时也是教师开展教育工作的辅助工具。

第四节　"领导者"角色下的专业知识

所谓的领导者，是指一种社会角色，特指领导活动的行为主体，即能实现领导过程的人。园长作为一园的领导者，是领导幼儿园保教工作、家园工作等的行为主体。从领导者的角色看园长在领导保教工作的过程中需要具备的知识，我们需首先确定园长在领导保教工作实施的过程中，可能需要涉及哪些方面的工作，以及会经历哪些阶段。笔者看来，园长在领导保教工作实施的过程中，需要经历以下几个阶段：一是制订保教工作计划。在这一阶段，领导的角色表现为把握园所保教工作的总体方向，制定保教工作的总体目标。而总体目标的制定离不开园长对当前学前教育相关政策法规中对幼儿园阶段总体教育目标的掌握与理解。园长必须能够与时俱进，这样才不会让幼儿园的整体教育目标跟不上时代的步伐。二是保障保教工作计划的落实。这一阶段，领导者的角色任务可能包括能够整合各方面的资源，推动幼儿园保教工作计划的具体落实。这里就要求园长具备组织领导的相关策略，以及采用什么样的策略激励团队朝着共同的保教目标前行的相关知识。

一、掌握并理解当前学前保育教育方面相关法律法规的知识

园长领导保教工作的首要职能是引起变革，良好有效的领导行为能够确定园所保教工作的正确变革方向，从而影响保教工作计划的制订。保教工作总体方向的确定是园长领导保教工作行为的核心，而方向的确定，离不开园长对当前保育教育方面相关法律法规知识的掌握与理解。

（一）掌握并理解当前学前保育教育方面相关法律法规知识的意义

1. 园长制定园所保教工作总体目标的重要基石

为了保证幼儿园实施科学的保教工作，国家出台了一系列有关学前教育的政策法规，以《3～6儿童学习与发展指南》为例，它是贯彻《国家中长期教育改革和发展规划纲要（2010—2020年）》和《国务院关于当前发展学前教育的若干意见》的重要举措。《指南》的研制过程，充分体现了科学性、民主性、时效性、操作性的特点，它是幼儿园实施科学保教的行动纲领，是园长领导幼儿园保教工作有效落实的重要武器。《指南》从国家层面详细地说明幼儿园教育的总体目标是什么，幼儿园保教工作的具体任务是什么，以及幼儿在不同发展阶段的具体领域目标。任何一所幼儿园在确定本园保教工作的总体方向的时候，都不能脱离《指南》中规定的幼儿园教育的发展目标与任务。

2.《幼儿园园长专业标准》中园长领导保育教育工作的具体要求

2015年出台的《幼儿园园长专业标准》中有关园长领导保育教育的专业知识

的第 24 条明确提出，园长需要掌握国家关于不同年龄阶段幼儿的发展目标和幼儿园保育教育目标。

（二）具体内容

1. 了解新近出台的学前教育法律法规

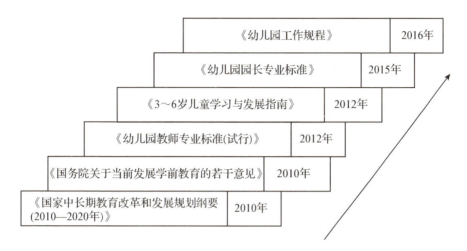

《幼儿园工作规程》	2016年
《幼儿园园长专业标准》	2015年
《3～6岁儿童学习与发展指南》	2012年
《幼儿园教师专业标准(试行)》	2012年
《国务院关于当前发展学前教育的若干意见》	2010年
《国家中长期教育改革和发展规划纲要(2010—2020年)》	2010年

图 2-1 2010 年至今国家出台的有关幼儿教育的文件

2. 有解读法律法规的意识和能力

园长只有具备深入解读政策法规的意识与能力，才能从政策文件中提炼出顺应时代以及学前教育现状的儿童观、教育观、评价观，才能借助这"三观"科学引领幼儿园的保教工作。除此之外，园长还应具备抓住政策文件核心问题的能力。

3. 能够在政策文件与实际操作之间建立联系

园长领导保教工作的顺利实施，虽然在宏观上通过对文件的解读，基本确定了幼儿园保教工作的整体方向，但是，这一过程并没有随着保教工作目标的确立而结束。园长还需要在后续的领导工作中，不断地借助政策文件的内容，检核一线教师对文件的条目的执行情况，能够在政策文件与实际操作之间建立联系。

二、掌握并运用幼儿园、家庭、政府和其他力量合作的知识

在上文中，我们提到园长引导变革的职能，此处我们分析领导的另一职能，联合各方资源，努力实现目标。

园长在领导幼儿园保教工作实施的过程中，应该善于利用各方的资源。例如，借助高校及其他幼儿园专家型教师的力量为本园教师进行保教工作方面的相关培训；从政府的财政资金角度，为教师谋取外出学习的经费支持；发动家长的有利资源，为幼儿做讲座，进行安全健康等内容的宣传。

三、掌握并理解科学的领导理论

园长只有掌握并理解了相关的领导理论，才能在指导保教工作的过程中做到有效领导，最终达成预期的保教工作目标。

相关领导理论有很多，如领导特性理论、领导作风理论、领导行为理论、领导权变理论、领导归因理论、领导魅力理论等，园长应该熟悉每一种理论。以领导行为理论为例：

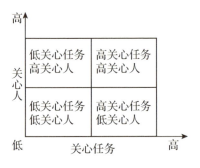

图 2-2　领导行为四分图

领导行为理论是研究领导者的领导行为及其结构、组成要素与领导有效性关系的理论。领导行为分四种类型，如图 2-2 所示，分别是低关心任务高关心人、高关心任务高关心人、低关心任务低关心人、高关心任务低关心人。四种不同的行为带来的效果毋庸置疑，当领导行为表现出既高关心工作又高关心人，员工的生产效率最高，对组织的信赖度也最高，团结力也最高。诚然，如果园长知晓这样的知识，势必对其领导行为产生影响，进而决定整个园所保教工作的实施效果。

表 2-4　领导行为与效果关系

领导行为	生产效率	对组织的信赖度	团结力
高关心工作高关心人	最高	最高	最高
高关心工作低关心人	中间	第二位	第三位
低关心工作高关心人	中间	第三位	第二位
低关心工作低关心人	最低	最低	最低

四、掌握并理解组织理论和组织行为学知识

组织理论是指人类在社会组织活动中按一定形式安排事务的理论。组织是由两个以上的人组成的，为实现共同目标，以一定形式加以编制的集合体。人类社会的组织活动，随着社会分工日益复杂，组织种类愈加繁多，如行政组织、工商企业组织、文化教育组织等。其中行政组织在社会中处于重要地位。

组织行为学是研究组织系统内个体、群体以及结构对组织内部行为的影响，以改善和提高组织绩效为目的的一门科学。

园长在领导幼儿园保教工作的过程中，如果掌握并且理解这方面的知识，对于提高引导教师保教能力、实现幼儿园保教工作的总体目标、充分调动教师的积极性和创造性、合理分配保教工作人员、改善教职工内部人际关系、增强团队凝聚力和向心力，以及提升自己的保教领导能力都发挥着重要的作用。

五、掌握并运用激励、沟通、团队建设理论

在进行重大变革的过程中，仅仅依靠合理的目标方向以及协调良好的联盟是不够的，在这个过程中充满变数，常常会遇到各种各样的阻力，从而阻止变革的进行，或者使变革偏离轨道，为了保证领导的变革职能的实现，需要强有力的激励行为去超越和战胜各种阻力。领导中的激励行为通过满足人们的成就感、归属感、被尊重感等基本需要来达到目的。它的本质是激发人们的力量和热情，去战胜变革道路上的阻碍。

幼儿园园长在领导幼儿园保教工作的实施过程中，应该善于运用激励、沟通、团队建设的策略，激励教师努力工作，积极反思，最终达到实现保教总体目标的目的。

下面一则小案例就充分显示了园长作为领导者巧妙使用了团队建设的策略：

园长手记

门上的小纸条

北京市丰台第一幼儿园　朱继文

在我的幼儿园曾经发生过这样的事，每天上班后园长室的敲门声络绎不绝，一会儿保教主任拿着工作本走进来问："园长，这学期我们的骨干教师该进行进一步的培训了，您看咱们怎么做？"一会儿后勤主任又敲门，进门之后认真地问："园长，您看咱家小花园里种点什么呀？"一会儿保健主任也进来咨询："园长，您看今年的美食节咱们用什么形式好呀？"因此，园长办公室成了幼儿园中最繁忙的

地方。

一段时间之后我开始反思：中层领导们频繁出入我的办公室，事无巨细地请示。一方面，这代表他们很尊重我，非常看重我的意见；另一方面，是不是他们做事畏首畏尾，生怕工作中出现什么问题，怕领导怪罪，不如直接问清做法，既能让领导满意，自己的工作又出不了大差错。不管是哪一方面的原因，如果出现问题都只有到园长室才能够解决，只有园长才能决定，那么最终我们的中层领导会变得毫无建树，失去了作为管理者的思考能力和对本职工作的执行能力。

"这种现状一定要改变。"我暗自思量。

第二天，园长室的门照样半掩着，只是门上多了一张小纸条，上面有这样几句话："第一，想一想你想和我探讨什么？第二，对于这些问题你有什么好方法？最好有三种以上的方法哟！第三，如果不知道哪个方法最好，敲敲门，请进来和我探讨。"这样的纸条一贴出来，一早上登门拜访的人少了，大家都各自忙着自己的工作。除此之外，在每周一次的行政例会上，各方面工作的主管们发言变得异常踊跃，大家积极地把本周自己的想法和做法，把自己的规划和已经实践的工作和大家分享。对于大家的表现我经常这样说："你这么做自然有你的想法，希望你多和大家分享。大胆地去做，成绩是你们的，问题是我的。"这句话我在每次行政会中必说，渐渐地大家会在自己的发言后没等我说出这句话，自己便模仿着我的声音和神态把我的这句话背诵一遍，并笑称这是朱老师的"神句"，这时必定会引起一阵开怀大笑。

一天，路过主任室门口时我也发现了这样一张小纸条。

一张小纸条，关上的是园长室的门，打开的是中层领导思维的窗。在困难面前主动思考、在工作面前主动作为，没有了园长的束缚，才能激励他们的创新精神和实践才能。小小的纸条成就的是一批能抓善管、能说会做、有思想、有作为的新型领导人才。

第五节 "管理者"角色下的专业知识

管理是指"通过组织计划行动，把一个机构所拥有的人力、物力、财力、时间、空间和信息充分运用起来，使之发挥最大效果，以达到机构的目标，完成机构的任务"。

在管理的各要素——人、物、财、时间、空间和信息中，人是管理系统的第一要素，是任何社会系统中发挥作用的决定力量。因此，一切管理都必须以调动人的积极性为出发点，只有管好人，才能管好财、物、时间、空间和信息。这是以符合马克思主义关于人的学说为依据和出发点的，是人对自身认识升华的结果。以此为据，幼儿园管理要求确立教师在管理中的中心地位和主动地位。幼儿园管理要求"管理者在管理实践中一定要端正管理者与教职工的关系，要依据现代管理以人为本的原则"，将管好幼儿园的使命交到教师手中，由教师来操作，确定教师在工作中的主动地位。

管理过程是幼儿园园长指导保教工作的核心，包括制订计划、组织实施、检查指导和总结提升等几个重要环节，每一个环节都要扎实做好。通过保教管理工作，不断提升教师专业能力，逐步提高园所保育教育工作质量，促进幼儿身心和谐地发展，这是幼儿园保教管理工作的最终目的。在幼儿园的保教管理实践过程中，业务园长要抓住几个核心环节，明确保教管理的内容，包括制订保教工作计划，以及按照计划开展保教管理工作，保证全园保教工作计划在各部门得以有效落实，最后要进行阶段总结，梳理有效经验和分析存在的问题，为下一阶段园所保教工作计划的制订提供依据。业务园长要发挥管理的导向和调控作用，将保教过程纳入科学运行轨道，推动园所质量不断提升。

幼儿园园长带着管理者的身份进入一线指导保教工作的实施，从管理本身的角度，园长指导保教工作实施需要具备促进教师有效开展保教工作的方法学知识，即园长通过什么手段，达到幼儿园保教的总体目标，推进幼儿园保教工作的实施。这其中，可以包括制订保教工作计划的知识、对保教工作人员的选拔、建立考核教师保教工作实施情况的标准体系、运用外出培训等形式帮助教师提升保教实战经验的知识，等等。

一、科学制订保教工作计划的知识

科学制订保教工作计划是园长指导保教工作的基础。计划是行动的纲领，具有指导工作的作用。制订符合本园实际，又能促进本园发展的保教工作计划至关重要。一份既符合本园"最近发展区"又切实可行的计划，才能引领园所保教工作有效开展。

保教工作计划一般包括以下几个方面的内容：上学期保教工作的情况分析、本学期保教工作目标、重点任务及措施、逐月工作安排。

有学者强调，园长在制订幼儿园保教工作计划的过程中，应该着重考虑以下几点。

第一，应该体现我国的教育方针与政策法规，做到在贯彻全园计划的精神与要求的同时，综合考虑国家层面的发展规划及要求。这是与园长的角色地位紧密联系的，园长作为一园的领头人物，国家的政策法规只有通过园长的有效领导，才能得以落实。

第二，园长在制订幼儿园保教工作计划的时候，要关注教师的想法和意见，而不能主观臆断，变成一言堂。

下面一则小案例是发生在管理者之间的故事。

 园长手记

保教主任的教研会

北京市丰台第一幼儿园　朱继文

新学期公布了全园计划后，保教主任们纷纷到我的电脑中复制全园计划，为了方便他们制订自己的保教计划，我每次都毫无保留。由于我园是一园六址，所以各个分园的保教主任都会集中交流本园的保教计划之后，回到各园去公布。听了保教主任们的计划后，我发现了一个问题：几个分园的保教计划和我的全园计划如出一辙，内容也是大同小异，只是缺少了后勤工作等内容。

我心里在寻思，是保教主任们图省事儿还是由于新干部上任比较快，使得他们对全园计划和保教计划之间的关系还没有明确？通过日常观察我可以断定，应该是第二种可能。这些年轻人对工作有热情，不怕吃苦不怕累，可能因为经验不足，掌握不好这两个计划之间的尺度因而出现了这种情况。于是我耐心听完了他们的计划，让他们自己相互评价一下。大家最后得出了这样的结论：计划写得都很认真，内容也很具体，但是感觉大家写的都差不多，没有什么特色，没有创新和亮点，分不出彼此，也没有体现每所分园的特色。我肯定了大家的分析，表示自己也有同感。之后，我提出了自己的问题，让大家思考讨论。这些问题包括"全园计划与保教计划的关系""保教计划和班级计划、个人计划之间的关系""制订保教计划的目的和意义""自己在制订保教计划中的问题和困惑""制订保教计划的原则和方法有哪些"。问题提出后，保教主任们围绕着这些问题开始了积极地思考，热烈地讨论，甚至还出现了辩论的场面。在思维的碰撞中大家最终得出了共识：全园计划、保教计划、班级计划、个人计划应该是层层落实、层层分解、逐步具体、逐步细化的过程。全园计划是指导思想、方向方针，而保教计划是为了实现全园计划而进行的具有具体实施步骤的细化计划。其内容具有具体性、指向性和实操性，同时又体现了保教主任对全园计划的理解、内化，体现了一种实践和创新精神。这样方能确保园所一学期工作的开展和全园计划的落实。

讨论结束后大家纷纷要将自己的计划重新定位，要在贯彻全园计划的基础上

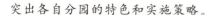

突出各自分园的特色和实施策略。

这次交流由于有问题出现而演变成了保教主任们的一次教研活动。在幼儿园中出现问题是很正常的事情，保教主任们也是学习的主体，他们的成长也是在不断地试误、研究和学习、思考中实现的。作为园长，发现了问题应当抱着一种理解的态度，通过点播引发思考，通过分析支持学习，引领大家在问题中研究，在研究中找到方法和途径。

做园长不仅要有一双发现美的眼睛，更要有一双发现问题的眼睛。在突破一个个问题的过程中带领干部团队和教师团队一步步发展。

这则案例充分体现了园长在制订幼儿园保教工作计划的过程中，坚持民主管理的原则，尊重他人的意见的优良作风。

第三，关注计划的连续性和渐进性，即本学期计划目标和内容的确定要基于上学期的工作总结，逐步推进园所质量的提升。目标要有针对性，针对上阶段工作中的问题提出本阶段的工作重点。措施要具体可操作，要确定工作实施的时间、负责人、操作方法、步骤等主要因素，以确保目标的达成。

二、有效落实保教工作计划的知识

有效落实计划是幼儿园保教工作质量的关键一环，园长指导保教工作成功与否也必须紧紧依赖于计划的落实情况。作为管理者，园长要想保证幼儿园保教工作计划的贯彻实施，就必须深入保教实践一线，指导计划的执行，监控保教工作的质量。

园长在落实保教工作的计划过程中，从管理者角度，主要应做好三方面的工作：一是对日常保教工作的检查与指导，包括常规工作、教育教学工作和家长工作等。二是提升教师专业素质，包括教研工作和培训工作等。三是做好评价工作的管理，要定期开展保教工作评价和幼儿发展评价。

（一）班级保教工作的检查与指导

在幼儿园，有目的、有计划地指导保教人员开展保育和教育工作，促进园所保教工作质量提高，是业务园长的主要工作。园长对班级保教工作的检查与指导通常以查班的形式实现。业务园长深入班级指导保教实践，督促、指导、帮助教师在保教实践中端正教育思想，改进教育方法，发现问题并及时解决。

（二）教研与培训

教研是以教师为研究主体，以促进教师专业成长、幼儿健康发展、园所保教工作质量提升等为目的，通过同伴互动、专业引领、实践反思等途径对教师的保教实践进行评析，帮助教师切实解决保教实践中遇到的共性问题。培训的主要目的也是通过理论学习及实践观摩等形式帮助教师提高业务水平，提升保教工作的能力，最终促进园所保教质量的改善。

（三）保教工作评价和幼儿发展评价

园长进班观察教师保教工作实施情况，并对教师的保教工作提出意见或建议的根本前提是园长心中具备了一套评价教师保教工作的指标体系，只有园长做到了心中有数，在进班指导的过程中才能做到有的放矢。这种心中有数还不能仅仅停留在脑子里，而是要形成一套有文本的体系为参考，这样园长就必须具备掌握和运用评价指导保教工作的知识，包括制定评价标准的相关知识、标准如何指导实践的知识。

园长在指导并考核幼儿园保教工作进行时候，除了需要对教师整个保教工作的评价之外，还应涵盖教师如何对幼儿发展水平做出判断的评价。通常学期末，业务园长要指导班级教师运用评价工具对幼儿发展状况进行评价，进而了解幼儿发展的总体水平。幼儿园要确定评价方案、保教评价实施的时间、采用的工具与标准、评价对象的选取等，并要对实施评价的教师进行培训，使其明确评价的目的、标准、方法等。

三、及时总结提升保教工作总体实施情况的知识

要切实保证保教工作计划的顺利进行，不断提供工作水平，吸取经验教训，探索保教规律，就应及时对保教工作进行总结。总结是保教管理工作的最后一个环节，总结工作对于园所发展的不同阶段而言，起到了承上启下的桥梁作用，既是对上一阶段工作的整理，也是为下一阶段工作做好铺垫和提供依据。对保教工作的总结应该避免以下两方面的问题：一是总结的内容与计划脱节，计划中安排的工作内容在总结中无涉及。二是逐一罗列本学期所做的全部工作，没有主次，没有对问题与成绩进一步分析，难以实现总结工作的目的与价值。

四、掌握并理解与保教工作相关的新型管理思路

幼儿园作为教育机构，虽然与企业有着本质的区别，但是，从管理的角度，园长对幼儿园核心的保教工作的管理也应该能够顺应新形势下的管理思想，如由过程管理转向策略管理。所谓"授人以鱼，不如授人以渔"，作为管理者，如果所有的工作都要事无巨细，甚至手把手地教给被管理者，不仅会让自己劳神焦心，也对被管理者自身的发展不利。

保教工作质量是衡量一所幼儿园办园质量高低的试金石，提升幼儿园保教工作的质量是所有园长的使命。而幼儿园关起门来自己谋发展，求进步，在新型的教育发展格局下必然是不可取的。随着园所之间互动交流的日益频繁，作为管理

者，应该意识到，保教质量要想提升，仅仅依靠本园的力量是远远不够的，还需要走出去，学习和借鉴他园的优秀管理经验，这对保教工作的发展提高是有益的。所以，园长掌握并理解以合作甚至手拉手的形式为导向的协同共进的管理思路，对于促进幼儿园保教管理工作的发展提高是很重要的。

五、掌握并理解人力资源开发和管理学理论

人力资源开发和管理，是指一个组织在其现有的人力资源基础上，依据团体的战略目标、组织结构变化，对人力资源进行调查分析、规划调整，提高组织或团体现有的人力资源管理水平，使人力资源管理效率更好，为团体创造更大的价值。

人力资源开发和管理学理论是企业为创造更大价值在运营过程中而必须重视的重要概念。然而，这与幼儿园的管理及教育教学有什么关系呢？园长具有人事调配权，可以决定幼儿园引进什么样的人，使用什么样的人，怎样使用这些人。园长对全体教职员工实施科学的组织、调配与管理，调动教职工对教育工作的热情，激发教职工对儿童发自内心的爱，引导教职工积极、主动创造更大的教育价值，这个过程就是人力资源开发的过程。比如，有些幼儿园人员构成比例失调，或老教师多，或都是年轻教师。园长如果懂得人力资源开发的相关理论，知道人力资源的发展离不开社会属性和经验传承这些要素，就会发现目前的人员年龄结构不利于教师间呈阶梯状的传帮带，是幼儿园长远发展的隐患，需要及时引进中间年龄段的教师，使教职工队伍结构更加科学合理。再比如，有的园长对教职工有什么特点、优点不了解，也不会合理安排使用，事必躬亲却效果平平。有的园长知人善用，能发现每个人的优点，把不同特点的人安排到适合的岗位，工作起来就会非常轻松。这些都说明园长必须掌握并理解人力资源开发和管理的相关知识，通过运用这些理论与知识才能让幼儿园的组织结构变得更加合理，做到人尽其才、才尽其用。

这里需要着重强调一点，与园长管理有关的就是掌握并运用选拔和任命保教相关工作人员的知识：幼儿园园长作为管理者，在指导保教工作的过程中，有责任结合招聘的资格需求选聘优秀的保教工作人员，并且将不同的人分配在保教工作的不同岗位上，让大家各司其职，扬长避短。

除此之外，管理理论告诉我们要尊重教师，要多聆听被管理者的心声。要想听到真实的声音，作为管理者除了要放权之外，最应该做的莫过于营造园所的宽松氛围。有的时候，当所有人都顺从于你时，并不代表你的管理很好，你的想法大家都接受，而可能是你的身份、你的气场让他们有所顾忌而不敢发表意见。好的管理者，对下属的管理、指导应该是授之以渔而不是授之以鱼。

第三章　园长指导保教工作的专业能力

专业知识是专业能力的前提，专业能力是园长指导保教工作中灵活应用专业知识的体现。园长指导幼儿园保教工作，仅具备丰富的知识是远远不够的。

能力，是人们完成一项目标或者任务时所体现出来的素质，人们在完成目标或者任务的过程中表现出来的能力各有不同。能力是顺利完成某一活动所必需的主观条件。不同学者对能力的种类划分不一，如按照能力所表现的活动领域的不同来分，能力可分为一般能力和特殊能力。所谓一般能力是指进行各种活动所必须具备的基本能力，如观察力、想象力、创造力，保证人们有效地认识世界。而特殊能力则是顺利完成某种专门活动所必备的能力，如音乐能力、绘画能力。专业能力概念的提出基于社会中不同职业对个体能力需求的不同。它是指从事某种职业所特殊需要具备的知识、经验和技能，行业的不同，对专业能力的要求也不一样，不具备专业能力，就无法承担并做好某一职业工作。个体在职业中体现的是一种工作身份，一种社会角色，园长是幼儿园教育工作的总负责人，从其所处的职位的三重角色出发，并联系上述专业能力的定义，园长的专业能力就是从事园长这份职业所必须具备的知识、技能、经验和情感态度的总和。因为能力本身需要借助人的具体活动过程反映出来，所以，园长专业能力也是其在扮演多重角色的过程中体现出的各类专业知识、技能和经验的一种专业性表现。因此，园长指导保教工作的专业能力是指园长在管理、领导、参与保教实践中的专业化能力的集中体现。

园长作为幼儿园的第一责任人，指导保教工作的专业能力直接影响着幼儿园的保教质量和幼儿的发展。园长在指导幼儿园保教工作时，首先让自己成为幼儿园保育和教育工作的专家，同时不断丰富和提升自身的保教专业知识和能力，才能在保教实践中发挥教育者、领导者、管理者的角色价值，才能有理有据，有的放矢。

所以，本章在梳理幼儿园园长指导保教工作需要具备的专业能力时，主要分两大部分进行阐述。第一部分，概述国外对园长专业能力结构阐述的文本，并将之与我国对园长专业能力结构的要求进行比较，提炼出本书园长指导幼儿园保教工作所需的专业能力结构。第二部分，与专业知识相对应，从园长的三重角色入手，分别剖析专业能力的构成及其要素。

第一节　国内外园长专业能力的基本结构对比分析

一、NAEYC 制定的 PADC 中有关园长专业能力的内容细则

美国全美幼教协会（NAEYC）颁布的《幼教机构管理者定义与专业素质》（PADC）从管理技能与教育技能两个方面分别阐述了园长专业能力应该具体包括哪些方面：

表 3-1　PADC 中园长专业能力构成

领域	管理技能	领域	教育技能
个人和职业自我认识	1. 根据专业伦理准则评估伦理道德问题。 2. 做反思性实践者，运用一系列方法促进自我实现，提升专业满意度。	儿童观察与评价	1. 运用不同的观察方法，包括正式和非正式观察、行为抽样和发展量表。 2. 应用儿童观察评价数据设计建构发展适宜性教学策略。
法律和财务管理	3. 预算、现金流管理、拨款申请书撰写及筹款。	课程和教学法	3. 基于儿童个体发展模式、家庭和社区目标、制度和文化背景以及本州标准设计实施课程。 4. 根据语文、数学、科学、社会科学、美术、音乐、戏剧、运动和科技的领域划分设计有整体性的、有意义的课程体验。 5. 实施重视文化价值性内容和儿童家庭经验的、无歧视的教学策略。 6. 评价不同课程的效果。

续表1

领域	管理技能	领域	教育技能
员工管理和人际关系	4. 协调来自不同民族、文化和种族背景的教职工。 5. 雇用、监管并激励员工达到高水平的工作绩效。 6. 共识建立、团队发展和教职工绩效考评。	特殊需要儿童	7. 作为"家庭—专业"小组的一部分与其他成员协同合作，为特殊需要儿童设计并实施适宜的服务。
教学课程组织	7. 设计并实施适合不同年龄和发展阶段儿童的课程。	家庭和社区关系	8. 通过口头和书面方式与家庭进行有效沟通。 9. 意识到并且尊重不同文化和家庭的习俗惯例。
机构运行和设备管理	8. 基于环境、心理学和儿童发展理论设计并有效利用空间。	健康、安全和营养	10. 实施预防、准备和响应室内外紧急事件的措施。 11. 示范健康的生活方式。
家庭支持	9. 为不同文化、种族、语言和社会经济背景的家庭提供支持。 10. 视家庭为教育过程中的重要伙伴。	个人和班级指导	12. 促进教师与儿童、儿童与儿童间建立积极的、支持性关系的技巧。 13. 根据儿童发展和特定需要反思教学行为并调整指导方式。
市场和公共关系	11. 评估不同市场营销策略的成本效益。 12. 宣传机构理念，向家庭、政府官员和潜在赞助者推广机构积极的公众形象。 13. 与本地学校建立良好关系。 14. 制订业务计划，设计效果良好的宣传资料。	学习环境	14. 运用空间、颜色、声音、纹理、光线等设计元素创设有美感的、启发智慧的、心理安全的、有教育意义的室内外学习环境。 15. 挑选有利于达成课程目标的、鼓励正面社会性互动的年龄适宜性设备及材料。
领导力和倡议	15. 确立组织愿景，阐明组织价值观，基于不断优化的标准及道德准则建立组织文化。 16. 评价组织绩效。 17. 鉴别组织问题，收集数据并形成备选解决方案，在问题解决的过程中有效运用分析技术。 18. 拥护儿童、家庭以及本专业的利益。	专业化	16. 基于 NAEYC《伦理规范和承诺声明》进行专业判断。 17. 反思自我专业发展并制定自我提升目标。 18. 作为专业发展团队的一员，监督后勤人员和志愿者。

续表2

领域	管理技能	领域	教育技能
口头和书面沟通	19. 通过书面方式阐明观点。 20. 在正式汇报中有效表达观点。		
信息技术	21. 运用计算机进行机构管理工作		

虽然全美幼教协会的这份管理者职业素养结构中，并没有将园长的职业角色严格地按照教育者、领导者、管理者三种角色来划分，但是从其管理者的能力构成中可以看出，21条中的后四条已经很明显地站在领导者的角度去剖析能力的基本构成了。分析这21条管理技能，进行归类，其中园长自我管理能力2条。分别是自我评价能力和自我反思能力。其他管理能力：对物（财务、课程、机构的设备、人际关系）的管理能力4条，对他人（员工、家庭）的管理能力3条，对事件（机构运行）的管理能力1条。管理过程中体现的领导能力：市场公关能力4条，组织领导能力4条，语言沟通能力2条，信息技术运用能力1条。所以，教育者的能力构成包括：观察评价能力、课程计划实施与评价能力、帮助特殊需要儿童的能力、促进家园有效沟通的能力、预防安全事故的能力、进班指导的能力、创设良好学习环境的能力、自我反思和调整的能力。不同的能力构成是其扮演不同角色的结果。总结表3-1中39个指标，不难发现，与评价相关的概念词出现的频率最多，如评估、监管、考评、评价、鉴别、判断、监督，足可见在园长的众多专业能力中，评价能力是非常重要的，是构成园长专业能力的核心能力。这一点并不难理解，园长在指导幼儿园各项工作的时候，倘若没有辨别是非的能力，试问，何谈幼儿园教育质量？另外，园长的计划能力、反思能力、进班指导能力，以及对资源的整合能力、沟通能力也成为其在指导幼儿园工作有序开展的必不可少的能力。

综上所述，这份PADC的表格中对园长专业能力的结构划分还是较为具体和全面的，因为它不仅考虑到了园长的角色问题，而且较为合理地从管理的整体历程去分析概括园长管理的计划、实践、反思再实践的特点，并提出不同阶段所应具备的对应能力。除此之外，PADC对园长评价能力的重视顺应以评促教的学前教育发展整体趋势，对于教育者教育观念的形成具有很大的参考价值。

二、我国幼儿园园长专业能力的基本内容

参考我国 2015 年教育部出台的《幼儿园园长专业标准》的基本内容，笔者为大家呈现《标准》中园长的专业能力构成，并做相应分析：

表 3-2　我国《幼儿园园长专业标准》中幼儿园教师专业能力构成

教育者	促进教师发展的能力	1. 能够指导教师进行保教活动。 2. 能够指导教师研究儿童与课程教学。 3. 能够评价教师的工作并给予建设性的反馈。 4. 能够为教师发展提供所需要的条件支持和专业指导。 5. 能够鼓励并规划教师的专业发展和在职培训。
	促进儿童发展的能力	6. 能够理解保教结合的重要性，并将保育与教育并重，促进儿童全面和谐发展。 7. 能够重视幼儿兴趣、情感、态度和能力的培养，关注幼儿学习和生活的快乐。 8. 能够理解环境、生活体验、家庭对幼儿的重要性，并创造条件综合利用幼儿园和家庭共同促进幼儿的发展。 9. 能够利用多方资源支持幼儿园开展保教活动。 10. 能够评价儿童的发展情况并给予建设性反馈。
领导者	组织领导能力	11. 能够根据优先顺序处理纷繁复杂的诸多事务。 12. 能够系统和创造性地规划幼儿园的发展。 13. 能够果断决策。
	愿景领导能力	14. 能够确定幼儿园的价值体系和共同的教育价值观。 15. 能够创建一个为幼儿园全体成员所共同理解和接受的愿景。 16. 能够领导幼儿园全体成员为实现愿景而持续努力。 17. 能够创建和培育幼儿园成为一个学习共同体。 18. 能够培养优秀的幼儿园团队文化。 19. 能够确立并发展幼儿园特色。
管理者	组织管理能力	20. 能够执行与幼儿园相关的法律、法规和政策。 21. 能够对幼儿园事务进行宏观策划、筹备和计划。 22. 能够运用事实和科学研究数据做出规划和决策。 23. 能够促进幼儿园的团队合作。 24. 能够组织协调。 25. 能够实施目标管理。
	人事管理能力	26. 能够选拔和聘用教职工。 27. 能够界定教职工的角色和岗位职能。 28. 能够监督、评价和考核教职工的工作。 29. 能够关心和激励教职工。

续表

管理者	财务等资源 管理能力	30. 能够进行幼儿园财务编制和预算、经费的使用和监督。 31. 能够进行幼儿园园舍规划和建筑管理使用。 32. 能够进行教育资源的合理分配。
	公共关系 管理能力	33. 能够维持与上级行政、教研主管部门的良好关系。 34. 能够维持与所在社区以及其他部门的良好关系。 35. 能够建构园际之间合作伙伴关系。 36. 能够获得家长对幼儿园教育的理解与支持。

在上述幼儿园园长专业能力的具体指标中，直接聚焦保教工作的能力有 3 条，集中体现在园长作为教育者的角色：指导教师实施保教工作的能力、理解幼儿园保教结合重要性的能力、整合多方资源促进保教工作有效落实的能力。研究者对园长管理者和领导者角色中的专业能力的提炼主要是站在幼儿园整体工作的角度去思考的，所以比较概括，实际上这些能力其实可适用于园长指导任何工作。

三、中美两国园长指导保教工作的专业能力结构对比分析

比较两国园长专业能力的制定方法，PADC 的制定是基于管理者的角色，再结合 4 个学前教育利益相关者——儿童、教师、家庭与社区伙伴、机构管理——在园长管理过程中可能对他们产生哪些需求而制定的。所以它的制定是依据"园长角色—管理中的利益相关者—具体涉及的领域—具体的能力需求"一步步深入的。我国幼儿园园长专业标准中专业能力的制定，虽然也是先角色，后能力，但是我们在角色之后，思考更多的是这个角色可能需要哪些能力，更多地体现的是一种自上而下的能力建构过程。PADC 的能力具体指标的制定，研究者可能会充分考虑与被研究对象利益相关的其他事物对专业能力的需求，自上而下和自下而上相结合的思路很明显。另外，在专业能力的构成中，国外园长专业能力比较看重园长的评价能力，而在国内的园长专业标准中，评价似乎在园长专业能力的结构中的地位并不那么高。值得一提的是，两种专业能力的基本构成中，都提到了园长对多种资源的利用能力，在 PADC 中，园长无论以什么样的身份出现，都势必会关注对家长、社区资源的利用。我国园长专业标准，教育者角色一项中，明确提出园长应能够利用多方资源促进幼儿园保教工作的有效进行，虽然从管理者、领导者的视角，研究者并没有再提资源二字，但细心的读者会发现，其中，出现最多的一个词就是"关系"，园长对各种关系应有效把握。毋庸置疑，建立良

好关系的最终目的是有实现互利互惠的机会，这种机会难道不是资源吗？最后，值得一提的是，PADC 中提到了园长的自我反思能力，而在我国园长专业标准中并未提及，这一点，应引起广大读者的重视。

第二节　建构园长指导保教工作的专业能力结构

《幼儿园园长专业标准》中叙述园长领导保育和教育的时候，研究者将其所需的专业能力归结为四个方面：一是落实国家关于保育教育的相关规定，立足本园实际，组织制订并科学实施保育教育活动方案。二是具备较强的课程领导和管理能力，指导幼儿园教师根据每个幼儿的发展需要，制订个性化的教育方案，组织开展灵活多样的教育活动。三是建立园长深入班级指导保育教育活动制度，利用日常观察、观摩活动等方式，及时了解评价保育状况并给予建设性反馈。四是领导和保障保育教育研究活动的开展，提升保教水平。总结这四条，《标准》中研究者认为，园长指导保教工作的能力有：根据国家有关保教的相关规定，组织制订保教工作方案的能力；课程领导和管理能力；指导教师有效开展各种保教活动的能力；建立相关保教管理制度的能力；对保教工作现状的评价和反馈能力。这几项能力从事物发展的过程出发，综合了计划、实施、评价三大方面。

可是，为什么研究者界定园长指导保教工作的能力时，将课程领导和管理能力单独列出了呢？它们与指导保教工作有什么关系呢？要想回答这两个问题，首先我们需要明确的是幼儿园课程是什么，笔者总结幼儿园的课程内涵如下：第一，幼儿园里的一草一木、一人一事都是课程的一部分，儿童学习的契机蕴含在与一草一木、一人一事的交互过程中。第二，课程以儿童为主体，是儿童参与有趣活动，积极主动地进行创造的学习过程。第三，课程是帮助幼儿获得有益经验的活动总和。第四，课程以游戏为基本活动，生活即教育，一日生活皆课程；幼儿园的课程是动态的，是广义的。而保育和教育渗透在幼儿一日生活当中，渗透在各种游戏活动中，两者结合，不难发现，保教工作质量的优劣是在课程中体现的，课程的生成与发展是在具体的保教实践过程中逐渐形成并实现的。没有扎实的保教工作做基础就不会形成以儿童为本，以园所发展为本的园本课程；没有凸显特色、基于园本实际的课程，也不会有保教质量的持续提升。可见，保教实践活动与课程实施两者是一种相互依存、密不可分的关系。园长指导保教的能力体系中，单独提及课程领导和管理能力，就是要强调园长课程领导与管理能力的重要性。"课程领导力"指的是在建构幼儿园课程的过程中为了追求高效、高质量的保教实效，开发实施、组织管理幼儿园保教工作的一种能力。将"课程领导力"拆开再理解："课程"是活动，是过程，是幼儿园一日生活的点点滴滴，是幼儿获得学习与发展的载体；"领导力"是思维方式，是支持，是创造，是行动，是园长不断创新增效的意愿和能力。园长的课程领导力是提高幼儿园保教工作质量的根本动力。

《幼儿园园长专业标准》虽然从宏观上对园长领导保教工作的能力进行了划分，但是这种拆分仍然不够具体和详细，到底每一种能力下包括哪些内容，如指导保教工作有效实施的能力，到底指哪些？较为抽象的指导能力并不能很好地为广大园长提供清晰明确的能力框架思路。除此之外，标准中的四种能力的提出更多的是从园长作为教育者的角色视角出发的。诚然，园长实施保教管理的基础与核心角色是作为教育者的角色，但是作为园长，在管理一所幼儿园的过程中，如果仅仅具备教育者的视角，不能发挥指挥、协调、调动各方资源的能力，就不可能带动整个幼儿园获得具有向心力的发展。除了教育者的角色，园长还要认识到承担领导者和管理者的角色的重要性。园长在保教管理工作中将教育者的角色、意识、思想渗透在保教管理工作过程中，用教育者的身份和视角，领而导之、统而管之、理而分之，只有这样才能让幼儿园的各项工作井然有序地开展，才能保障园长的作用在园所管理中有的放矢地发挥出来。

联系上一节园长专业能力的建构思路，以及前一章园长指导保教工作的专业知识结构，本章建构园长指导保教工作专业能力，将同样按照园长的三种角色分别阐述。

第一，教育者。教育者是园长的核心角色，专业的教育者要以科学的专业知识结构引导幼儿园朝着正确的方向前行，并不断学习，更新自己的专业知识。要熟知幼儿园的保教工作，并能在幼儿园的教育改革与课程选择方面给予正确的引导，将幼儿园的发展目标与教学计划有力结合，优化教育教学质量。

当园长在指导幼儿园保教工作时，以教育者的角色出现之后，他就应该肩负着促进教师保教能力的提升和促进儿童从良好保教质量中获得健康快乐发展的责任。为了履行好自己的教育职责，园长首先需要对保教结合的重要性有很好的理解，这是前提。另外，当园长把这种理解转化为行动的时候，在真正指导保教工作的过程中，需要有敏锐的观察能力、较强的分析能力、客观的评价能力、及时的反馈能力。这是园长作为教育者在指导保教工作的时候所需的比较核心的几大能力。

第二，领导者。园长作为领导者要把握幼儿园发展的使命，激励教职工围绕这个使命去努力奋斗。园长在管理保教工作的过程中为避免教职工形成简单服从的工作状态就要建立一个自觉、自主、积极的工作团队。因此，作为领导者，园长在保教管理方面需要具备：引导并创建幼儿园科学合理的幼儿园保教工作整体目标的能力、创设良好的保教工作环境的能力、领导全体保教工作人员朝着整体保教目标持续努力的能力。

第三，管理者。前面我们说过，管理和领导是为更好地开展保教工作服务的，那园长在保教管理的过程中可能会涉及哪些能力呢？笔者认为可能会涉及以下几个方面：建立与保教工作相关制度的能力、保教工作的整体统筹能力、对相关人事的协调组织能力、整合多方资源以实现更高效的保教实施的能力、保教工作相关的决策能力。

这三种角色下园长指导保教工作所需的专业能力结构如表 3-3：

表 3-3　园长指导保教工作的专业能力

	角色	专业能力
园长指导保教工作的专业能力	教育者	1. 对保教管理重要性的理解能力。 2. 指导保教工作有效实施的观察能力。 3. 对保教工作具体实施现状的评价能力。 4. 对保教指导中发现的问题的反思及反馈能力。
	领导者	10. 激发保教人员创新意识的能力。 11. 引导建构保教工作整体目标的能力。 12. 创设良好保教工作环境的能力。 13. 领导和激励员工为实现保教工作目标持续努力的能力。
	管理者	5. 对保教工作中的问题的协同诊断能力。 6. 对保教工作效率的统筹把控能力。 7. 对保教相关文本规范的指导能力。 8. 整合多方资源为保教质量提高服务的能力。 9. 课程领导和管理能力。

第三节　"教育者"角色下的专业能力

一、对保教管理重要性的理解能力

保教工作是幼儿园最中心的工作，而做好这一中心工作，不仅需要对幼儿发展有高度负责的精神和态度，更需要丰富广博的专业知识以及相应的能力。所谓"火车跑得快，全靠车头带"，什么样的燃料、什么样的技术就意味着什么样的火车和速度。那么，要做到保教工作规范、质量不断提升，并且能够形成幼儿园的特色，幼儿喜欢、家长满意，赢得社会良好的口碑，园长对保教工作指导的专业性就起着至关重要的作用。

园长指导保教工作基本内容应包括：整体工作设计、班级工作的观察指导、教师专业发展引领、教科研引领、大型活动策划引领、家园社区工作指导、文本的检查与指导。看起来，这些内容似乎与专职做这项工作的业务管理者和保健医似乎并无差别，那么有人就会疑惑，园长要指导这么多工作吗？回答应该是肯定的，因为这些工作都是影响幼儿园生存，影响幼儿发展的关键的一些保教工作，都是幼儿园工作的核心。但是与业务管理者不同的是，园长指导保教工作并不是亲自去做很多具体工作，而是要通过参与这些工作进行指导，把握保教工作的方向，监控和提高幼儿园工作质量。因为这些工作彼此是有联系的，不是割裂的，所以园长在指导这些工作时并不是一项一项逐一指导，而是借助计划管理的方式、整合的思路，以其中一些工作为重点和中心，发挥一石二鸟或者一石多鸟的作用，达到对所有工作进行指导的目的。例如，幼儿发展与教师发展，最终更多的是通过班级保教工作实践反映出来，班级作为幼儿园保教工作质量的基础细胞，涵盖了保教工作的方方面面，幼儿园安全卫生保健工作、日常保教管理、教科研、家园共育等方面的工作管理对幼儿和教师发展共同发挥着作用。幼儿健康快乐、主动积极、专注、乐于交往、爱学习、爱探索、适应力强、会解决问题，拥有良好的习惯与学习品质、能力等，往往反映了先进的儿童观、教育观和课程观指导下较规范的、具有创造性的保教工作管理，先进的办园理念和目标的落实，教科研等工作蓬勃有效开展，等等。因此，本书中论述园长指导保教工作的专业能力、实施途径和方式方法主要从以下四个部分进行：园长指导制订保教工作计划、园长指导实施保教工作计划、园长指导保教工作评价、园长指导保教总结与反思这四方面。

保教管理优劣直接影响幼儿安全、健康地发展，关系幼儿园的存亡。保教管理者的态度、思路和能力直接影响幼儿园工作质量。所以园长要首先要帮助业务管理者明确自身的责任，以园所发展、幼儿和教师发展为己任，为工作规范和质量提高不懈努力。其次，要帮助业务管理者明晰保教管理思路，学会站在全园整体发展的高度系统地思考设计保教工作，帮助业务管理者建立保教工作与全园规划之间的联系，积极、科学、创造性地开展好保教管理工作，配合园长的全面管理，使幼儿园发展进入规范、生机勃勃的发展轨道。再次，园长要帮助业务管理者了解保教管理的基本流程和相互关系。使业务管理者明确保教管理，明白管什么、怎么管。最后，将想法落实到保教计划文本中，保障保教管理工作的方向和实际落实。这是指导一位负责保教管理的干部以计划为载体学会站在全园保教质量高度去思考保教管理的基本思路。

　　具体而言，保教管理应该实现的是动态的闭环管理，是一个从计划（保教计划、教研计划）、实施（落实计划全过程）、评估（幼儿发展、教师发展、质量考核）、总结（梳理经验和反思）再回到计划的一个循环往复、不断上升的过程，在这个循环往复的过程中实现质量的不断提升。如图 3-1：

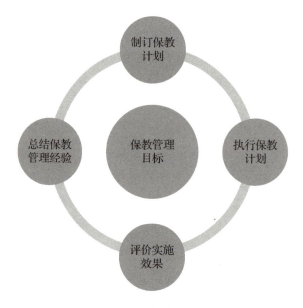

图 3-1　保教管理系统

　　这个闭环管理系统中的各个环节之间既有紧密联系，又彼此制约。其中计划是做好一切工作的基础，实施是落实计划、实现幼儿发展和园所质量提高的目标的关键，评估是对计划管理效果的检验，总结即是经验的提升，又是新计划制订的依据和起点，它对计划制订的针对性、保教管理的有效性起着至关重要的作用。所以，应该说闭环管理中的每一个环节都不可或缺。

〉二、指导保教工作有效实施的观察能力

　　观察能力指全面、正确、深入地观察事物的能力，观察能力是人们做好任何一项工作都不可或缺的重要技能。园长指导幼儿园保教工作，不能事事都通过业务管理者或者从其他人口中得知，更多的还是要靠亲身观察，深入一线保教现场。常言道"眼见为实"，观察不仅可以帮助园长快速、准确地获取真实的第一手资料，而且能够避免因"道听途说"导致的误判。具备敏锐的观察能力对于园长来说非常重要，园长只有具备良好的观察能力，才能全面系统地了解园所保教工作的实施现状，及时发现保教实施中的问题，及时解决。这样才能让幼儿园保教工作正常、高效、持续地运转。

对园长来说，不仅要观察幼儿，还要观察教师；不仅要观察教师的言行，还要观察他们的情绪，从而了解教师生活、工作的现状及心理状态。对于园长来说，将心比心，换位思考，努力理解教师的想法和感受，与对幼儿的观察相比更具挑战性。

园长手记

从不偷懒的何老师

北京市西城区三义里一幼　　刘晓颖

进入暑期，老师们开始倒休。因为假期操场、多功能厅的改造工程，孩子们也来得很少，全园才30多个孩子，整个幼儿园从上学期紧张喧闹的状态中一下子变得十分宁静。这种宁静让我能够静下心来坐在办公室的电脑前处理一些文档。忽然，窗外的小院儿里传来孩子们叽叽喳喳的说笑声，其间还夹杂着何老师那浑厚有磁性的声音："我们一起把纸盒搬出来，你们自己想象，可以随便摆，自己来试试？""真棒，都搭出大飞机啦！谁的盒子不够了，我们一起再去运点儿过来。"听着窗外喧闹的声音，我放下手头的工作，走到窗前向下望去。窗下，楼前的小院儿里孩子们开心地用纸盒在地上玩着建构游戏。他们有的一个人搭房子，有的两个小伙伴一起边聊边摆，挨着大门口的地方竟然摆出了一架大飞机。想到这些是即将升入中班的孩子，我真的很惊叹他们的创造力。我打开纱窗，举起手机冲着楼下的孩子们边喊边拍照："孩子们看这儿！"孩子们都很兴奋，一边呼喊我，一边向我招手。

此刻，我沉浸在孩子们的欢乐中，整个幼儿园都被这欢乐唤醒，一切似乎都复苏了，让我整个人又回到平时积极的工作状态之中。

幼儿园的假期与中小学不同，老师们相互换班倒休，孩子可自愿来园。何老师上周刚刚休息了一周，为了帮助生病的同事这周赶来上班。谁不喜欢放假呢？假期可以让我们放松身心，远离责任与喧嚣，尽情享受生活的美好与平静。这就是为什么放了假我们的心就会马上飞离幼儿园，想要外出旅游玩耍的原因吧！假期中幼儿园的操场在整修，为数不多的孩子们只能在室内玩，老师们也难得没有教学任务，可以轻松地组织安全有序的室内活动，这都是无可厚非的。然而，今天小院儿里传出的笑声却拨动了我的心弦。是什么可以让一个老师放弃室内工作的舒适环境，带孩子们走出教室，让孩子们自由嬉戏？是什么让一个老师在可以偷懒的假期中，不停地和孩子们交流互动？想到这儿，我的眼睛有些湿润，我觉得是何老师那颗深藏于内的纯朴、善良、有责任感的心，指引着她不知不觉中做出了这一系列看似简单、平凡，但又十分难能可贵的教育行为。

作为园长，我觉得从管理的角度来看，制度、监督、评价、奖惩都是工作质量的保障，但真正有效的应该是植根于人内心的这种"纯朴、善良、有责任感"的优秀品质。我庆幸能与这样一群中年幼儿教师共事，他们没有高学历，不会高谈阔论，有的只是纯朴、善良、责任感。回味共同走过的这两年时光，我希望大家珍视这份财富，愿我们幼儿园的老师们都能修炼出纯朴、善良、有责任感的一颗心。有了这样一颗心，职业幸福感就会时刻存在，常伴我们身边。

这个案例说明，园长在实施观察的过程中，不仅要用眼睛看到教师的言行，更要在心里装着每位教师成长与发展的点点滴滴。只有这样，园长才能在理解的基础上，带着情感去观察教师们的工作状态与行为，去发现和挖掘教师的优点，去激励教师们做最好的自己。案例中，园长看到了教师积极主动的工作状态，同时园长及时的关注、理解与反馈，也会让辛勤工作在第一线的教师们感到欣慰。园长富有感情的鼓励与支持能带给教师工作的动力，支持教师积极主动地寻求专业能力的突破与发展，最终推动保教工作质量的提升，这才是园长善于观察的意义所在。

三、对保教工作具体实施现状的评价能力

（一）评价理念和目的的把握

保教工作评价在《幼儿园教育指导纲要（试行）》里主要用教育评价来叙述，它包括两部分：教育工作评价和幼儿发展评价。其中，教育工作评价以幼儿发展为依据之一。"教育评价是幼儿园教育工作的重要组成部分，是了解教育的适宜性、有效性，调整和改进幼儿园工作，提高教育质量，促进幼儿发展的必要手段，教育评价应伴随幼儿园教育工作的全过程"。从这段话中我们可以知道教育评价的目的，教育评价关注的是什么。教育评价注重过程性告诉我们，评价不是一次性的或者只在期末进行，评价也不是仅要一个结果就可以的，注重评价是要通过评价去审视工作过程的适宜与否，并加以调整，使管理更加科学、有效。

(二)评价要素和标准的把关

保教工作评价标准多是由行政和业务管理者共同研讨来确定的。评价涉及保教工作内容的方方面面，每一项评价内容和指标的制定都起着一定的导向作用，对教师的观念、行为与幼儿园质量产生潜移默化的影响。不是仅凭经验想怎么制订就怎么制订。它应是园长在深入了解本园实际情况的前提下，所充分学习国家相关法规政策、先进教育理论，借鉴姊妹园先进经验，通过自下而上和自上而下相结合的方式，在达成共识的基础上制定出来的。它需要园长凭借自己的专业知识进行认真把关，使评价既能发挥监督工作、提高质量的作用，又能发挥激励、导向和促进的作用。

(三)对评价项目轻重缓急的择选能力

保教工作评价是促进保教工作质量不断提升的有效手段。但是，要想让评价真正成为促进工作发展的动力而不是强加在教师身上的负担，作为管理者就要明确凡事都有轻重缓急的差别这一客观问题。园长在指导业务干部进行保教工作评价的各项指标中，要能够根据园里的重点工作安排及需要解决的问题的轻重程度，分批次、有重点地安排评价工作。切记不要为了评价而评价，不分轻重缓急将所有评价都在同一学期或同一时间段进行，这会影响到评价的实际效果，影响到教师工作的热情，得不偿失。

(四)对定性与定量评价方式的平衡把握能力

作为幼儿园的管理者，园长要能够理性地评估幼儿园保教工作的质量，在评价过程中将定性与定量两种评价方式综合运用。定量是指收集和处理数据资料，对评价对象做出定量结果的价值判断，幼儿园常用的定量评价包括幼儿发展评价、教师发展评价等。园长要能够利用定量评价获得客观、准确、量化的保教质量信息，从而做出科学的分析与判断。由于幼儿园里的教师和孩子都是活生生的人。因此教育质量的评价除了定量评价之外，还需要定性评价，即园长结合教师、幼儿平时的表现、现实和状态进行观察和分析，直接做出定性结论的价值判断。例如，对环境创设评出等级，对半日活动组织写出评语等。园长将定量和定性评价作为衡量幼儿园工作客观价值的尺度，同时把握好定性与定量两种评价方式的平衡，这样才能保障管理与评价的客观性和科学性，有效地促进保教质量的提高和教师的专业成长。

四、对保教指导中发现的问题的反思及反馈能力

园长对班级工作观察后，要将观察到的内容给相关人员进行反馈。关于保教

管理问题要与保教管理者进行沟通反馈，关于班级教师工作可与教师直接沟通反馈，关于保健工作还可以跟保健医进行沟通反馈。无论跟谁进行沟通，园长都要在尊重保教人员劳动和人格的前提下，思考好如何与之沟通反馈，要力图使沟通反馈能保护和激励保教人员的工作积极性，又能使他们自己发现问题，达到解决问题、提高质量的目的。

无论我们怎么说评价更重视过程性，不重视结果，但它毕竟是有结果的，而且教师们还是非常重视和在意评价结果的。特别是当评价出问题的时候，教师就会有各种各样的想法。如果得不到及时沟通，就会影响教师工作情绪。此时，园长及时反馈和沟通的能力就显得尤为重要。园长的反馈沟通能力主要体现在及时、巧妙和有效。及时，是沟通及时，在评价前后出现问题时，及时找相关管理者和教师沟通了解情况，使评价更客观而不至于误判。巧妙，是说反馈沟通要讲究方法，可以先从教师自我反思开始，要让教师知道园长对事不对人，让教师意识到自己有很多优点，但也要让教师自己发现不足，在沟通交流中明确问题、原因及改进的方法措施，帮助其改进。有效，就是不断提高工作质量。评价发现问题，沟通解决问题，如此才能有效提高保教工作质量。

第四节　"领导者"角色下的专业能力

一、激发保教人员创新意识的能力

保教工作管理需要规范，以细求实，更需要创新，以新求发展。创新是发展的动力，保教管理创新的目的是调动广大教师工作积极性，提高管理效率。管理面对的是人，无论是幼儿还是教师，他们都是具有主观能动性的独特的个体，有各自的特点、想法、情感，管理者要通过计划管理的方式把人的潜力和主动性调动起来，引导大家创造性地解决保教实践中遇到的问题，提高教师的专业能力，保证质量的不断提高。同时，一个标准难以规范和满足每个人的需要，提高每个人的境界和水平。因此，这就特别需要管理者开动脑筋创新管理思想、管理模式，针对不同人群的需要、不同工作的特点创造性地进行管理，使我们的管理更有针对性和实效性。园长在指导保教工作计划中要不断地向保教管理干部渗透创新的意识和思想，引导保教干部根据发现的问题，不断开动脑筋想办法，以适宜的方式创造性地解决问题，让保教管理获得实效。

例如，某园业务管理者在日常保教管理中发现，园里反复提出重视晨午检，却发现年轻教师依然置若罔闻。既然制度和要求都解决不了问题，问题在哪儿呢？于是管理者仔细观察，发现教师一不知道其重要性，二不知道具体检查方法。业务管理者就与园长商量从园本培训和教研两方面加强教育，园长听了业务管理者的思路，对活动给予了大力支持，并亲自参加培训活动。业务管理者与保健医进行了协商与合作：一是用亲身体验的方式，在保健医直接指导下让青年教师学习幼儿晨午检的具体流程和方法。二是通过案例研讨，让教师认识到安全隐患发生的原因及产生的后果，让教师意识到把好晨午检关的重要性。实施这样的管理措施之后，教师的晨午检工作自然得到了加强。案例中的管理之所以收到了实效，是因为管理者在常规管理、制度要求都难以收到实效的情况下，通过观察了解了情况——青年教师其实不了解晨午检的重要性，同时也不了解晨午检的具体方式——管理者在掌握第一手材料后，改变了管理方式，通过各方配合达到了目的。园长在指导计划管理过程中，就是要鼓励、引导保教管理者根据不同的情况寻找不同的解决问题的方式和路径，实现有效管理。

二、引导构建保教工作整体目标的能力

保教工作的整体目标是幼儿园保教工作实施的旗帜，园长引导业务干部构建合理的幼儿园保教工作整体目标的前提，是对国家关于保育教育相关政策的准确解读以及对本园现状的综合分析。国家相关政策离不开对幼儿"身体正常发育和机能的协调发展""增强体质""支持儿童学习探究""发展多方面兴趣、能力""培养积极品质、良好习惯""感受美、创造美"等方面发展的要求。现状包括园所现有的保教环境、儿童的现状、保教人员的现状等客观因素。园长既要引导业务干部领会保教工作整体目标，全面设计，又要提醒业务干部结合实际状况，考虑幼儿园实际，有重点地设计、布局，保障后续计划的实施更具操作性、可行性。

三、创设良好保教工作环境的能力

良好的保教环境是高品质的保育教育的前提，这里的保教环境不仅仅指外在的客观环境，更重要的是内在的和谐的保教氛围。从儿童学习与发展的角度，为幼儿创设有美感的、启发智慧的、心理安全的、有教育意义的室内外学习环境是实现高质量的保教的基础。除此之外，从保教人员的角度，在园所内部，在保教管理与保教工作人员之间，创设融洽的、和谐的、充满正能量的、积极向上的、具有团队凝聚力的人际氛围也是很有必要的。

◇ 四、领导和激励全体员工为实现保教工作目标持续努力的能力

幼儿园日常保教工作平凡而琐碎，园长如何确保教职工团队一直保持激情和耐心去面对平凡、琐碎的保教工作呢？这就需要园长具备领导和激励全体员工持续努力的能力。园长应创建教师团队发展的愿景，树立共同的价值观，培植优秀的团队文化，组建积极的学习、研究团队，为保教工作的发展提供不竭的动力。例如，一名幼儿园园长面对在教职工中提出"善、乐、能、动"的价值观，教师们在保教工作中遇到的矛盾、困惑都可以用"是不是以善为本、以乐为源，是否有能力应对，是否主动参与、积极贡献"这样一种共同的价值观去衡量判断。价值观的树立让教师间形成了正能量，正向影响着保教工作的发展。

除此之外，园长还应具有人事管理的能力，在保教人员的选拔、任用方面有一定的标准和思考，在教职工的角色与工作性质方面有专业的认识，能根据保教人员的特点任用和培养，使他们发挥出各自的潜力，愿为幼儿和幼儿园发展服务。园长还要能够通过绩效管理，对教职员工的保教工作业绩做出公平公正的评价。通过绩效管理，园长可以有效发挥目标管理机制、绩效考核机制、激励约束机制，激发教职员工的工作潜能，促进幼儿园保教质量获得提升。

第五节 "管理者"角色下的专业能力

保教工作计划是计划管理的起始环节，是保教管理的基础，保教工作计划是为了实现幼儿园近期保教工作目标和任务而制订的具体工作计划和方案，它反映的是保教工作开展的整体思路，是幼儿园各部门开展工作所要围绕的核心和依据。保教工作计划中确定的目标、内容、措施等是否科学、合理，直接影响着幼儿园保教工作目标的落实与质量的提升。园长作为幼儿园质量提升的第一责任人，虽然并不需要直接制订保教工作计划，但对保教计划有指导责任。对保教计划把好关，就会让管理的思路更清晰，措施更可行，从而达到提高质量的目的。

◇ 一、对保教工作问题的协同诊断能力

对问题的协同诊断能力要求园长要具备先进的教育观、坚定深化办园理念的决心、科学的专业学识。幼儿园在发展中存在的问题一定是涉及方方面面，并且十分复杂的。业务干部在保教工作计划中对上学期情况的分析中是否抓住了幼儿园共性和个性的问题，分析出的问题及其形成原因是否客观、有针对性，是否有

具体的依据，这些都需要园长具备对园所现状的协同诊断能力。

　　问题协同诊断要把握住幼儿发展、教师发展、保教管理、家园共育这几大块内容。对幼儿发展现状的分析与诊断要依据《幼儿园工作规程》《幼儿园教育指导纲要（试行）》《3～6岁儿童学习与发展指南》等国家文件要求，重点把握幼儿发展的全面性问题和平衡问题。园长需要了解的是幼儿发展的优势是什么，不足在哪一方面，思考这些优势与不足和幼儿园现在实施的课程与活动的关系是什么，挖掘出促进幼儿发展的关键经验和阻碍幼儿发展的问题。对教师发展现状的分析与诊断要结合幼儿发展现状，结合园长亲自进班观察掌握的情况，依据《幼儿园教师专业标准（试行）》查找教师在师德、专业知识、专业能力等方面存在的优势与不足。在保教管理中重点要分析保教工作的规范性如何，没有做到的原因是什么，可以在哪些方面加强管理，让幼儿园的一日生活更加流畅、自然，更有教育作用。在家园共育方面需要分析的重点是本园家园共育现状，依据每学期家长调查问卷和平时家长跟园长的个别沟通反映的情况、家长对幼儿园的满意程度来检视家园沟通渠道是否畅通，家园共育工作是否做得到位？是否有更加适宜、有创新性的沟通协作方式可以采用，如采用微信、网络平台等交流手段。园长要对呈现出的优势和成绩给予及时肯定，拿不准的要研讨、实践、再研讨，对于错误或不准确的地方要给予指出，帮助业务管理者掌握诊断问题的方式方法，最终抓准问题。

 案例之窗

问题诊断，有效沟通

北京市西城区曙光幼儿园　王晓红

　　上学期期末，在幼儿园各项工作总结中，保健医对幼儿身体状况调查发现，幼儿大动作发展良好，身高、体重都有所增加，发病率降低。但发现出现视力问题的幼儿增多，说明幼儿的健康发展出现了问题，这引起了园长的高度重视。组织相关人员进行分析归因后，在新的学期开始时，园长就要针对这一问题从计划中了解保教和保健两方面管理人员对这项工作改进思路。如果保教计划中没有提出这个问题和解决问题的措施，就说明未能引起保教管理者的重视，园长就要明确指出，并督促管理人员制订相关改进工作计划，改善幼儿的视力现状。如果计划中有，但仅是在保健工作计划中成为重点，保教工作中只有配合保健医做的工作，安排了一些简单的宣传活动，没有课程和具体活动的开展，说明保教管理人员对这个问题的理解还是有偏差的。所以园长要和业务管理者进一步沟通，使其了解保教管理和实践对于幼儿身体保护和锻炼的重要作用和意义，使保教管理和保健共同配合，全方位对幼儿的视力进行保护，以保障幼儿身体健康。

正如上面这个例子，园长的重要作用就是要在保教工作中诊断出问题所在，根据发现的问题及时与业务干部沟通，避免问题扩大。例如，有的教师将适合中、大班学习的内容或者材料放到小班活动进行，这种不符合幼儿年龄特点的做法如果存在普遍性，园长就要及时将掌握的情况与业务管理者沟通，共同分析造成此现象的原因，提出改进的要求，督促研究解决，确保保教工作向着正确的方向发展。

二、对保教工作的统筹把控能力

园长作为幼儿园的法人代表、幼儿园质量管理和队伍建设第一责任人，要明确意识到幼儿园的保教管理是幼儿园生存的核心工作，也是落实国家教育方针政策，实现幼儿园管理理念和特色，赢得幼儿喜欢、家长满意、社会良好赞誉的主要窗口。如何通过对保教工作计划管理的指导，引导业务管理者从方方面面落实好国家各项政策法规，实现幼儿园整体管理理念和思路，并使措施可行，工作整体协调统一、质量不断提高，需要全盘思考几个问题。

(一)政策理念的正确性

园长和业务管理者都应该具有对国家大政方针的高度敏感性，要与时俱进，以保证幼儿园各项管理工作在符合国家政策的前提下开展。保教工作计划在全园计划基础上制订，要有符合国家相关政策法规要求的宣传渗透，对先进理念的学习借鉴，以游戏和生活为基本教育途径，保教兼顾。例如，根据国家2016年颁布的《幼儿园工作规程》，对幼儿园工作管理和各项工作都有新的调整，如果不组织保教人员学习，保教工作方向就可能会有所偏差。

(二)关系的协调统一性

这里的关系指的是保教计划与全园计划、教研组计划、班级计划之间的纵向关系，也指的是保教计划与后勤、保健等工作的横向联系。保教工作是全园工作的中心，也是最核心、关键的部分。一方面要从落实办园理念、全园工作计划这个角度全面策划实施，同时要通过计划给教研组和班级保教工作一个方向，发挥对基层工作的指导作用。另一方面，保教工作要获得管理实效，还需要幼儿园各方面工作的共同配合，协调一致地为幼儿和教师发展、幼儿园质量提升服务，因此要和后勤、保健等部分协调配合，争取各部门最大支持。园长对保教计划的指导，正是要引导业务管理者站在保教管理全局思考问题，与上下级有机联系，和其他部门协调好关系，使各部门、各个教研组、各班级围绕着幼儿园的中心和重点工作协调一致开展。

（三）保教自身内容的全面性

保教计划是保教工作管理的基本保障。所以，园长一方面要关注保教计划是否涉及日常保教工作、教科研、幼儿发展、队伍发展、家园工作等各方面。另一方面，还要了解保教计划目标、措施是否能够解决保教工作中的主要问题，它的理念、方向、措施等是否正确且具有实效性。总之，把握全局，做到各项工作的协调统一，有机联系，是保教管理者在管理中需要不断提高的能力之一。

三、对保教相关文本规范的指导能力

制订计划的过程也是一个思考和梳理思路的过程，规范的文本是经过多人实践和研究检验的结果，它既反映保教管理必要的思考点和思路，也会给操作者和管理者提供清晰的管理脉络，是值得借鉴的。所以，园长应了解计划类文本规范的要求，并给业务管理者清晰的指导，让保教管理者在规范制订过程中，既了解规范制订的意义，又了解规范制订的方法和要求，通过文本规范来规范保教管理工作。

园长指导保教工作计划撰写的过程也是帮助保教工作者捋清工作思路的过程。对保教计划的指导主要要把握以下几点：一是结构的完整性。即保教计划应该包括几个部分的内容，这个基本结构应是完整的。二是管理的全面性。计划中应该涉及保教工作方方面面，不可以只关注教科研，或者只关注家长工作，而对其他工作有所忽视和偏废。三是把握好联系性，这个联系体现在自身的横向与纵向联系。保教计划自身各部分之间要有机联系，目标和重点工作要紧紧围绕着学期主要问题进行设计，措施也要跟问题建立起必然的联系，使措施能够有助于解决问题。保教计划还要注意与上下学期和幼儿园全园计划的联系，使保教工作的管理得到有效的规划和统筹。

在指导制订保教工作计划的过程中，园长首先要明确的：一是看什么。了解保教工作的具体内容，才能指导保教管理者进行全面思考。二是怎么看。规范的、高质量的保教实践是什么样子的，怎样才能引导保教管理者通过保教管理使保教实践做到位，做得更有实效？三是怎么办。当看到幼儿园保教实践不尽人

意，有许多需要提高的地方时，园长怎样对保教管理者和教师进行反馈和指导，尊重和保护他们的积极性，又能促使他们创造性地开展工作，提高质量？这三方面都需要园长专业知识和能力的支撑，下面我们来具体谈谈。

园长在指导业务干部制订保教工作计划的过程中看什么？主要是看业务干部心中对幼儿园的保教工作现状是否清楚，是不是清楚要看一看计划中的"上学期情况分析"。分析分为整体情况、成绩和不足三部分，业务干部如果对保教工作开展情况有正确的认识，此处的笔墨不用过多就能句句能点到问题的核心。所以园长在看保教计划时，一定要重点看这一部分，问题找准了计划也就能够有的放矢了。关于怎么看的问题，园长心里装着幼儿园发展的愿景，这愿景早已在园长制订规划的过程中烂熟于心了。因此，园长看保教计划重点就是对照幼儿园发展愿景与规划，以及园长自己制订的全园计划来看。看看保教计划中是不是一一贯彻与落实了幼儿园的发展规划与愿景，是不是通过对保教活动的设计将全园计划落到了实处，是不是有重点的突破、全园计划的难点等。园长如果在保教计划中发现未理解园长意图，偏离幼儿园工作重心的情况怎么办呢？全园计划和保教计划的制订本来就不是一个人完成的，这其中难免会出现配合不紧密、步调不一致的情况。园长此时一定要反思，是不是与业务干部沟通不够，是不是未向业务干部说明和解释清楚全园计划的意图，然后再与业务干部沟通，了解其想法和思路。在此基础上，园长再提出本学期全园工作重点与任务，让业务干部思考如何在保教工作中达成与落实。园长与业务干部共同协商与谋划的过程是帮助业务干部厘清思路，提升其制订计划的能力的过程。业务干部在这种引领下，得到培养和提升；园长在引领的过程中，更加全面地把握了幼儿园保教工作的方向和实施策略，发挥了教育者、领导者、管理者的角色作用。

四、整合多方资源为保教质量提高服务的能力

《幼儿园教育指导纲要（试行）》指出，幼儿园应与家庭、社区密切合作，与小学相互衔接，综合利用各种教育资源，共同为幼儿的发展创造良好的条件。《幼儿园园长专业标准》在职责部分"调试外部环境"中分别从专业理解与认识、专业知识与方法、专业能力与行为三方面中提到园长利用资源的问题，如"重视利用自然环境和社会（社区）的教育资源，扩展幼儿生活和学习的空间""熟悉社会（社区）教育资源的功能与特点""加强幼儿园与社会（社区）的联系，利用文化、交通、消防等部门的社会教育资源，丰富幼儿园的教育活动"。说明整合和利用各种资源为幼儿发展服务，是国家对幼儿园的要求和希望，是园长管理幼儿园必备的意

识和能力。

我们可以看到，一所好园的园长常常是一位对教育资源非常敏感，视角比较独特，思维敏捷，善于想象和创新，善于学习、求教，能上下左右协调沟通的人。他们常常会以走出去、请进来的方式，不断丰富和拓展自己看问题的眼界，围绕幼儿园的发展环境不断思考研究，挖掘和寻找各种资源并合理地整合利用使它们成为幼儿园发展的契机和突破口，让幼儿园永远处于一个生机勃勃、不断发展的状态。

那么，幼儿园可以挖掘、利用和整合哪些资源呢？上述文字已经做了一些说明，如家庭与社区资源、同伴资源、教师资源等。这些资源如果能够被充分挖掘出来，进行科学的整合与利用，就可以为幼儿、教师发展和幼儿园文化建设服务。

（一）家长资源

家庭是人类成长的第一个学校，父母是孩子的第一任老师。心理学家埃里克森认为，父母对孩子的态度给儿童以后对社会的态度奠定了基础。"在个性、社会性、智力发展和文化特征方面，父母是孩子的第一个和最重要的环境影响因素"。我们不仅要了解家长对幼儿发展的重要影响，用我们的专业能力做好家园共育工作，同时也要学会发现和利用好家长群体这个不可多得的教育资源。因为他们来自各行各业，有着不同的思维方式、知识文化和行业背景等，可以说是藏龙卧虎。他们是孩子们更好地了解和认识社会，扩展视野，获得知识、经验和能力的宝贵资源。因此，园长指导业务管理者和教师在做好家园共育工作的同时，要引导他们善于挖掘和利用家长资源开展丰富的活动，以弥补幼儿园教育的不足，这是园长指导保教工作的一个重要部分。园长指导业务管理者发现和利用家长资源主要包括两方面内容：一方面是从全园角度对家长委员会、家长学校的组织和利用。这方面国外实践较早，而我国一些园所也早已开始利用家长资源共同规划幼儿园发展方向，共同营造幼儿园文化，共同发起和开展全园大型活动，等等。另一方面是班级家长资源的利用。要引导教师开展更丰富的活动不断拓展幼儿各方面素质，促进幼儿的主动学习，如家长志愿者进课堂活动，家长带领幼儿参观自己工作场所，家长与老师共同策划班级活动，等等。但利用家长资源也要注意一些原则：要坚持自愿、平等、互相尊重、互利互惠的原则，幼儿园绝不能居高临下地单方面要求家长去做什么，而应在幼儿园和家长达成共识的情况下一起进行策划和协商，共同支持幼儿的发展。

(二)社区资源

社区资源既包括自然资源也包括人文资源,主要有花草树木、景观建筑、田地原野、机构设施、风俗节日,以及社区居民的仪表言谈、文化生活、邻里关系、文明素养,等等,这些都能为幼儿园教育创造与众不同的条件。园长不仅要带领管理团队一起深入了解和挖掘周边这些资源,同时也要引导业务管理者结合幼儿园的办园理念和目标深入研究,通过走出去、请进来等多种方式,让孩子们去看、去听,与社会资源接触,让幼儿得到不同的快乐和收获。幼儿园可以一方面贡献自己的教育资源给社区,另一方面把社区资源充分利用起来开展丰富多样的活动,如开展消夏晚会、读书活动、敬老活动、防震演习、募捐活动等等。再比如,有的幼儿园利用社区中小学资源开展幼小拉手、小幼衔接的研究;有的幼儿园离消防中心近,园所会组织孩子们参观消防中心,了解防火知识,提高防火意识和能力;有的幼儿园场地不足,但周围有公园、田野等,幼儿园就会与社区协商把公园利用起来增加孩子们锻炼的场地,或者带领幼儿走出去利用田野进行观察、劳动,开展活动进行学习,感受自然,观察动植物生长变化的规律。这些资源的利用丰富了幼儿的学习内容,开阔了幼儿眼界。

应该说,我国的社区资源的利用还不够广泛,活动也还不够丰富,还需要园长带领团队深入探索和研究。

(三)同伴和教师资源

《幼儿园教育指导纲要(试行)》指出:"幼儿同伴群体及幼儿园教师集体是宝贵的教育资源,应充分发挥这一资源的作用。"幼儿自从走进幼儿园,就开始了集体生活,无时无刻不与同伴发生各种各样的相互作用。他们来自不同的家庭,有着不同的生活经验,他们在共同生活和游戏中必然相互影响。

其中既有协商、互助、合作等积极的相互作用,也会有争执、攻击、冲突等消极的相互作用;幼儿既有独立自主学习,也有共同学习,还有不同的知识、经验、思维的分享。幼儿的认知、情感、个性在与同伴的相互作用中获得发展,与同伴之间的这种相互作用是成人的教育难以代替的,所以园长要引导业务管理者充分利用同伴资源为幼儿学习创造良好条件。幼儿园教师,甚至包括所有教职工在内,是幼儿走向社会的第一任老师,他们在幼儿园和班级中是重要的资源。教师集体的一言一行、为人处世、相互关系等都会潜移默化地影响身边的幼儿,成为他们模仿和学习的内容,因而园长要致力于培养一个高素质的教师集体,善于利用其积极的影响,使教育自然而然地作用于幼儿,促进幼儿的健康发展。

其实，园长只要有整合多方资源的意识，很多资源都可以被挖掘出来、利用起来，共同作用于幼儿的发展。比如，有的园长会将自己所学新的课程理念和思路，运用到自己的管理中，带领和指导业务管理者进行课程改革的研究和尝试，园长的学习内容便成了一种课程和研究资源；有的园长会从一些社会生活和热点问题中受到启发，变革幼儿园管理和课程建设，丰富和拓展幼儿学习内容。

所以，资源其实是无处不在，关键看园长是否有心，是否能将所挖掘的、所拥有的资源巧妙地与幼儿和幼儿园发展建立联系，以整合的思路、开放的心态、进步的理念，提高保教工作质量，促进幼儿和幼儿园发展。

五、课程领导和管理能力

园长的课程管理理念和管理行为直接决定着先进理念在幼儿园保教工作中落实的情况。随着幼儿园课程改革的逐步深入，园长成为课程改革的第一责任人，肩负起把握课程方向、确立课程方案、实现课程创新的艰巨任务。园长对课程的领导和管理能力体现在园长对幼儿园整体发展思路、保教工作目标的准确把握上，体现在园长对先进课程理念、方法的认识、理解上，体现在园长建构园本课程，支持幼儿园保教工作质量获得提升的整体思路中。园长不仅要有能力让自己成为课程管理的核心成员，关键还在于要有能力调动教职员工参与课程改革的积极性。通过放权，改变保教工作固有模式，让教师在幼儿的一日生活中充分发挥课程领导与管理的能力。园长对课程实施过程进行管理，需要经常进班观察课程实施情况。园长发现问题及时组织研讨，商讨制定新制度，为教师组织实施新的课程提供便利条件，从而保证课程质量的不断提高。

结合相关研究，园长课程领导和管理能力主要包括：一是课程价值领导力。即建立在对国家教育方针、政策、理念及当前幼教发展总趋势深刻理解和把握的基础上，园长逐渐形成的，正确的适合本园实际的一整套的园所课程理念体系，包括培养什么样的幼儿、培养什么样的教师、做什么样的教育等。而这一切又与园长深刻领悟国家课程标准之后所形成的课程意识密不可分。二是课程的理解能力。园长的课程理解力不仅要求对国家课程标准有深刻的的理解，还要求园长能较系统地了解课程观、课程流派、课程开发、课程评价与管理等相关课程知识。同时，还要求园长对园所教师的能力和教法有一定了解，对幼儿的身心特点和学习能力有一定了解。三是课程规划能力。园长对幼儿园课程的规划要从幼儿园自身的历史传统、办园思想、办园特色，以及园所所处地区的经济文化状况，园所教师自身的综合能力出发，统筹规划幼儿园课程计划，建立立体的、完善的、多层级的幼儿园课程体系。四是课程开发能力。园所发展的第一空间是有形的，是看得见摸得着的，而园长的课程开发能力是学校发展的"第二空间"，是隐形的，但是最为关键。园长的课程开发能力包括幼儿园对中外相关课程理念的"园本化"，或者对课程理念的二次开发、三次开发、四次开发，等等。五是课程实施能力。幼儿园的课程与中小学不同，并没有清楚的学科类别之分，这就对园长的课程实施能力提出了巨大的挑战，设置怎样的课程，如何结合幼儿的身心特点和年龄特点设置出有梯度、有系统的课程体系，是当前所有园长必须直面的问题。六是课程管理和评价能力。课程管理包括课程计划的管理、课程资源开发的管理、课程实施质量的管理等方面。课程评价是指检查课程的目标、编订和实施是否能够实现教育目的。课程评价对象的范围很广，既包括课程计划本身，也包括参与课程实施的教师、学生、学校，还包括课程活动的结果，即学生和教师的发展。课程评价是强化课程管理，提升课程执行力，确保课程目标实现的重要手段。七是课程的整合能力。园长的课程整合能力要求园长能把各种资源整合到课程中去，为课程服务，同时又要根据课程的特点进行整合。除此之外，园长不仅要有整合"物"的能力，而且要有整合"人"的能力，发挥团队精神和集体智慧，开发出优质的、适应幼儿发展需要的课程。

第四章　园长指导保教工作的原则与方法

　　园长所具备的保教工作专业知识和专业能力是架构保教管理实践的桥梁。园长有效指导保教工作，不仅要掌握相关专业知识，更要从实践中来，到实践中去，在实践中发现、探索、运用、调整……唯有如此，园长才能真正获得对保教工作的内化认识，从而提升科学指导保教工作的能力。

　　园长对保教工作的管理不同于业务干部对保教工作事无巨细的管理，它是建立在园所规划、办园理念、发展目标这些宏观发展需求之下的一种全面的统筹式管理。园长对保教工作的管理主要是通过调查了解保教工作现状，从中抓主要问题，指导保教干部，以点到面解决问题，全面提升保教工作质量来实现。

　　本章之前的内容涉及园长指导保教工作的内容，主要论述或提到了对整体工作设计的指导、对班级工作实践的观察指导、对教师专业发展的专业引领、对教科研问题选择的引领、对大型活动意图的策划引领、对家园社区共育工作重点和难点的指导、对保教部门文本科学性的检查与指导，以及对保教工作质量的整体评价这几项内容，这几项内容从计划管理的角度概括来讲，基本可以分为计划、实施、评价三大部分。本章将按照园长指导保教工作整体设计、指导保教工作具体实施、指导保教工作评价三方面内容，分别阐述园长指导保教工作的具体方法及策略。

第一节　园长指导制订保教工作计划的原则与方法

　　保教工作计划是贯彻落实全园计划精神，有步骤地实施学期保教工作的重要一环。园长对保教计划的指导主要看保教计划所呈现的整体思路是否符合全园计划所提出的精神和方向；保教计划的重点工作是否很好地理解落实了全园计划的重点；保教计划的实施安排是否能有效地提高整体保教质量，达到促进师生共同发展的核心目的。园长对业务干部管理思路的了解和指导，主要是通过对计划文本的批阅来实现的。保教计划文本的规范性与完整性，是园长指导业务干部有计划、有目的、有步骤、有质量地实施与落实保教工作的重要保障。

本节主要通过一所幼儿园的全园工作计划与保教工作计划的文本对照，分析园长应从哪些角度思考对保教计划的文本进行指导，以及如何指导业务干部制订更加完善的保教工作计划。

 案例之窗

中国儿童中心实验幼儿园 2014—2015 年度第一学期全园计划

中国儿童中心实验幼儿园

一、现状分析

（一）成绩

1. 园所文化建设完成阶段性目标，从"爱的抱抱"围栏到各班个性展区，再到小厨吧、戏剧小屋、沙盘室的建设，初步在外在形式上表现出我们倡导的"双格"（品格和性格）理念，并有了具体化的呈现和空间条件。

2. 全园管理更为规范和细致。从中层管理规范化入手，进一步将顺了全园上下的管理机制，行政值班工作和行政例会工作进一步得到落实，管理班子磨合良好。

3. 安全软硬件两手抓，安全设施有所更新，制订了更为严密的安全防暴预案，后勤部门创造性地开展了安全卫生联查制度，综合效果良好。

4. 两支队伍培养稳步推进，师德师风保持巩固，骨干教师培训初见成效，青年教师研讨能力有所提高，队伍整体学历水平又有提高。

5. 日常保教与教科研联系日趋紧密，户外低结构游戏研究取得初步成效，教育戏剧和沙盘游戏有所推进，初步构建起共促幼儿健康发展的保教保健工作新思路，通过包括对外展示园本教研（北京市园本教研展评活动）在内的多种途径，日渐凸显出自己的教育特点。

6. 亲子早教基地"走出去"发挥示范辐射作用渐成常态，积极参与联合国儿基会 0～3 岁全国儿童早期综合发展项目，远赴贵州和山西两省对当地亲子中心的活动进行现场指导和培训，先后培训了百余名早期教育志愿者及妇女干部，得到了儿基会和妇联的一致认可。

7. 实习、见习基地建设初见规模，发挥了应有的示范和带动作用。

8. 家长工作又有创新，取得较好成绩。家长园地充分给予家长和幼儿自由表现的空间，家长助教活动在数量和质量上都有大幅提高，大班毕业典礼活动充分体现了"共情润心"的理念，积累了有益的经验。

9. 卫生保健工作与保教工作联系逐渐紧密，教师们不仅尝试积极参与日常户外活动的指导，同时通过成立体质测评小组使测评工作日趋规范和有效。积极邀请专家来园指导，日常工作和部门档案的规范性有提高。

10. 后勤工作效率有提高，较好地支持了各项一线工作。

（二）存在问题

对照示范园标准自查自检，目前还存在以下主要问题和不足。

1. 办园条件。教师队伍的学历层次还要继续提高，目前距离示范园目标还有距离。保健医人数不足，很难完成更高标准的工作任务。在规范管理上，按照示范园标准，我们的各项规划、计划还要进一步进行梳理和修改，更加贴近实际情况，还需要更多的教职工参与其中。

2. 队伍建设。两支队伍的思想建设还要抓紧。干部队伍的工作规划缺失，教师个人规划还缺乏针对性，比较空泛，阶段性目标不明确。

3. 保教工作。双格教育的整体课程设计还未到位。各班对于渗透双格理念的主题活动（及环境创设），从设计、实施到总结都还存在抓不住要点的问题，本学期各班的主题和相应的环境真正体现双格理念的不多，老师的思路还比较窄。

4. 教科研工作。低结构游戏园本教研深入不够，老师们在观念上距离真正的质的改变还有较大差距。两个科研项目实践还刚刚起步，积累不够，教研成果还不够明显。

5. 卫生保健。从测查看，我园幼儿的五官保健状况依然不容乐观（比如眼睛和牙齿保健），还需要保教共同配合。体质测评数据虽然显示整体正常，但在单手投掷和坐位体前屈两项上显示出一定差距。

6. 亲子基地建设。专职教师缺乏，影响到今后的可持续发展和发挥更大的示范作用。

7. 后勤保障。工作标准还要进一步提高，需要进一步摸索更好地服务于一线教学的工作方法。

二、指导思想

继续贯彻落实科学发展观，在区教委、幼教研工作部署下，以《幼儿园教育指导纲要（试行）》《3～6 岁儿童学习与发展指南》精神为指导，坚持落实《北京市示范幼儿园标准》《中心实验幼儿园五年发展规划》及《学前教育部五年发展规划》，针对上学期存在的主要问题逐项抓整改。各项工作从"依法""规划""创新"和"质量"四个方面抓全过程，以西城区科研月展评活动和中心"健康大讲堂"展示活动为契机，通过课程构建和研究实践进一步凸显双格教育理念，向市级示范园目标迈进。

三、学期重点工作

继续坚持双格教育育人目标："每天优雅一点点，做文明有礼的实幼人；每天户外锻炼 3 小时，做健康大气的好儿童。"从班级内外环境、部门环境、园所公共环境三个层面重点打造和体现双格理念；自上而下构建双格课程体系，将双格理念与各领域进一步融合，与幼儿的日常生活结合起来，与家长工作结合起来。继续深化各项教科研工作中逐渐积累的教学和研究成果，继续完善园所硬件条件，为一线服务。通过西城区科研月展评活动和复验工作，进一步提高全园各部门工作质量，继续为 2015 年争创北京市示范园做好全面准备。

1. 通过各种活动进一步加强教职工队伍的风气建设、师德建设。通过内外环境创设，进一步提升园所的文化品位。

2. 进一步加强各类规划、计划的制订和调整，上下保持一致，确保园所各项工作的有效落实。

3. 进一步加强两支队伍建设，实现教职工队伍硬指标达到示范园标准，软指标进一步提升。

4. 继续提高办园条件：完成门厅文化墙和后院运动长廊建设，进一步丰富各功能教室硬件设施和条件；根据双格教育理念增加班级玩教具（图书）种类、数量，为幼儿提供更加丰富多彩的游戏活动条件，为教育教学和教科研提供必要保障。完成食堂升级改造，食堂改造完成后达到示范园标准，进一步提升食堂硬件条件和服务能力。

5. 保教工作抓住双格课程构建、班级环境创设、主题设计与实施、保教并重四个方面，弥补不足，提高质量。

6. 继续推进户外低结构游戏、教育戏剧、沙盘游戏三项教研工作的深入，初步形成研究成果。积极推进其他领域的研究项目，为双格教育理念丰富实践内容，锻炼教师队伍。

7. 家长工作专项计划注重对《3～6 岁儿童学习与发展指南》的宣教，以及双格理念的落实。总结家长助教工作成果，丰富家长讲座内容，寻找家园共育的新形式、新途径。

8. 保健工作抓住存在的主要问题，进一步加强与保教工作、保教培训工作的合作，通过各种形式和途径切实改善幼儿在身体素质和健康状况方面的问题。

9. 亲子早教基地做好场地调整后的各项常规工作，通过亲子班、园区亲子活动、社区亲子活动、外省市亲子早教项目的技术支持活动四级工作，继续发挥基地示范和辐射作用。积累相关经验，初步构建亲子课程体系。

10. 与昌平滨河幼儿园按计划落实工作，积极互动，互相学习，发挥拉手园的辐射指导作用。

11. 继续做好首师大与中华女子学院实习、见习基地工作，发挥双赢作用。

12. 进一步加强门户管理，与家长共建安全校园。

四、主要任务和措施

(一)园所文化建设

1. 完成 LOGO 墙、门厅文化彩绘，将我们倡导的理念具体化，丰富宣传的途径。

2. 对一、二、三层楼道公共环境进行进一步的设计，实现美感和教育功能相结合的目标。

(二)行政管理

1. 各部门进一步调整和修改各类规划，明确双格教育的育人目标："每天优雅一点点，做文明有礼的实幼人；每天户外锻炼 3 小时，做健康大气的好儿童。"

2. 进一步规范有关师德方面的规章制度，初步构建教师师德评价体系，鼓励、引导家长和幼儿参与到教职工师德师风评价中。

3. 各部门在制订部门计划时，加强守法、创新的意识。

4. 进一步提高各部门管理质量，完成"一级一类园"复验工作。

(三)队伍建设

1. 围绕各部门业务工作内容，结合每周行政例会，加强行政人员的政治思想学习、制度学习、法律学习和政策学习，提高行政队伍的专业素养。

2. 行政人员从新学期开始制订个人成长规划，一线教师重新制订更为切实可行和可查可检的个人成长规划。

3. 结合园内师德评价体系的完善，继续严抓教师师德建设，并结合日常工作和教研工作；结合教师节开展评选活动，让教师们从思想上首先成为一名具有健康人格和职业精神的老师。

4. 继续对在读进修教师进行督促，同时适时引进学历和实践能力均衡的老师，确保明年上半年教师团队幼教专业学历达到指标。

5. 结合区教委各级教师培训工作，做好园内各层次教师的专业培训。充分借助区教研室专家和"学共体"园所的指导和帮助，促进教师在环境创设、主题设计与实施两方面的专业水平更上一个台阶。

6. 结合区教委工作重点，在园内开展一次"如何当好班组长"的学习交流活动，促年轻教师成长，发挥园级骨干教师作用。

7. 培养一名保健医，择机再招聘一名有管理经验的保健医。

8. 选拔一名青年教师，招聘一名高学历毕业生进入亲子早教基地做专职教师。

9. 鼓励食堂师傅积极参加区教委组织的基本功厨艺大赛活动，开阔后勤人员的眼界，找到自己改进工作的方向。

（四）日常保教工作

1. 集中力量进行双格教育课程的顶层设计，初步形成特点突出、具有可操作性的课程纲要，并试行。

2. 通过集中培训讨论，请专家指导和进优秀园所学习，借鉴其他优秀课程资源等方式，提高班级主题活动质量，进一步在各种活动课程中，突出情感态度、安全自护、问题解决、人际交往等内容，切实落实双格理念，并在学期末总结梳理相应的实践成果，为今后的课程构建打下基础。

3. 由骨干教师参与，进一步调整和构建适宜本园实际和理念的幼儿发展档案体系，并试行。

4. 积极推进信息化平台建设，将幼儿成长档案工作电子化。

（五）教科研

1. 继续以展练兵，通过下半年参加"西城区教育科研月展评活动"和中国儿童中心"健康大讲堂"展示活动，促户外低结构游戏、教育戏剧、沙盘游戏三项园本教研走向深入，夯实双格教育理念的基础，初步形成一批研究成果和经验。

2. 本学期首先从小班组做起，与七彩森林教育科技公司合作开展"阅读点亮童年"儿童绘本项目研究，丰富我们的双格教育内容和形式。通过教学实践，积累教学指导策略，切实提高教师的教学组织能力，进一步丰富双格教育实践形式。

（六）家长工作

1. 在继续做好本学期家长助教活动的基础上，梳理出一本家长助教集，供今后学习借鉴。

2. 结合《3～6岁儿童学习与发展指南》的宣教工作，在家长讲座的常规工作中找创新，进一步提高家长讲座的有效性。

3. 结合信息平台的建设，推进家长参与幼儿成长档案记录工作，共同关注孩子的双格发展。

4. 加强对家长的安全宣教工作，引导家长积极配合。

（七）卫生保健

1. 从身体素质的两个方面（单手投掷、坐位体前屈）和身体健康状况的两个方面（眼睛保健和牙齿保健）入手，在保教配合下，加强专业指导，及时向班、园两级反馈数据，确保全园幼儿整体身体健康和身体素质有所进步和提高。

2. 继续扎实做好各项日常保健工作。在规范程度进一步提升到示范园的基础上，在保健、保教结合研究与实践上继续做出新的成绩。

（八）亲子早教

1. 在人员力量进一步增强的基础上，进一步加大儿童中心园区内亲子活动、周边社区亲子活动和赴外省市技术支持等各级工作力度，切实发挥基地的辐射、示范作用，为园外家庭和幼儿提供更多的早期教育服务。

2. 在实践基础上，总结和梳理出一批亲子早教课程和指导手册。

3. 做好场地调整后的各项常规工作，加强资料整理，突出特点。

（九）园所建设

1. 按计划完成后院运动长廊工程建设，丰富健康体格教育的硬件条件。

2. 继续丰富班级玩具种类、数量，为教科研和日常教育教学服务，不仅要符合《北京市玩教具配备目录》的基本标准，还要有所创新。

3. 功能教室继续丰富操作材料并进行展示布置。

4. 围绕"双格"教育实践，进一步丰富和调整园内外展示内容，制作一批展示理念、宣传《3～6岁儿童学习与发展指南》和教科研成果为主的展板。

（十）后勤支持

1. 进一步摸索更好地服务一线教学的工作方法，加强计划性，做好配合各项大型活动的必要物质准备。

2. 配合保健、保教部门做好食堂、后院的工程建设。

3. 进一步加强门户的日常进出管理，提高安全防范意识。

4. 继续做好职工宿舍管理工作，确保安全。

5. 结合"11·9"消防日，开展全园性消防安全教育活动。

（十一）拉手园工作

成立以园长、业务干部、骨干教师为核心的工作小组，与昌平滨河园积极沟通，按拉手方案切实落实各项工作，发挥共赢互促的作用。本学期开展交流活动不少于三次。

（十二）实习基地工作

本学期接收一批中华女子学院高职学院的实习生来园实习，做好相应培训工作，实现双赢目标。

五、重点工作逐月安排

（一）8—9 月

1. 以业务干部、教研组长为核心，初步构建双格教育课程大纲和课程计划表。

2. 完成各部门、各班及个人的各项规划、计划的制订和修改。

3. 完成 S 墙、LOGO 墙彩绘。

4. 保健医、专职亲子教师配备到位。

5. 全方位做好新学期开学准备工作，并召开新生家长会，如期开学。

6. 全园开展文化建设，邀请幼教和美术专业专家为全体老师培训环境创设各一次。开展一次班级内外环境创设评比活动。

7. 落实班级常规检查及户外会操活动。

8. 落实拉手园交流活动，开展一次学习活动。

（二）10 月

1. 以业务干部为核心，初步构建双格教育评价标准（小、中、大班与学年标准）。

2. 基本完成后院运动长廊建设。

3. 开展一次公共环境和各部门环境评比活动。

4. 制订详细的科研月开放方案并落实。

5. 开展一次专题家长讲座。

6. 结合园本教研实践，做好"健康大讲堂"展示活动。

7. 各部门积累相关成果，形成文本。

8. 落实拉手园交流活动。

9. 完成六楼早教基地新址、儿童科技探索馆的装修与布置。

10. 基本完成食堂改造。

11. 做好年度复验的各项准备工作。

(三)11 月

1. 完成"一级一类园"复验考核工作。

2. 迎接西城区教育科研月展评活动。

3. 落实拉手园交流活动。

4. 开展一次专题家长讲座。

5. 配合保健科开展龋齿检查工作,反馈工作效果。

6. 请区教委、教研室专家来园指导示范园验收有关文字资料(规划类、计划总结类)。

(四)12 月

1. 开展一次集体教学观摩活动。

2. 开展园本教研三个项目的总结交流活动。

3. 开展主题活动、幼儿发展档案工作交流会,总结经验。

4. 进一步完善双格课程顶层设计中的课程理念和发展目标部分。

5. 配合抽查视力、投掷和坐位体前屈三项保健项目的情况,反馈工作效果。

(五)2015 年 1 月

1. 全园各部门总结、整理档案资料。

2. 各部门初步确定下学期工作思路和示范园验收倒计时计划。

中国儿童中心实验幼儿园 2014—2015 年度第一学期保教计划

一、现状分析

(一)优势

1. 幼儿发展状况。通过各班学期初幼儿发展评价数据、幼儿体质测评数据,以及日常观察和家长反馈等综合分析,目前在园幼儿整体发展水平良好,健康体格发展有一定基础,基本走、跑、跳、平衡和攀登能力较好,健康人格方面幼儿整体上自信心表现较好,主动性较好。

2. 保教管理工作。各部门的档案管理工作更加规范,进一步提高了全体教职员工依法办园意识；修改完善了幼儿园五年发展规划；进一步明确了管理各岗位的职责，为推动示范园建设打下基础。

3. 日常保教工作。教师在主题选择、班级文化、园所公共环境创设等方面都有了更深入的思考，对《3～6岁儿童学习与发展指南》和双格教育的理解和实践能力有提高。保健医和保教工作、管理工作的相互配合更加紧密，初步形成了一套适宜模式。

4. 教研工作。教研风气良好，已经初步形成了适合本园的教研组织模式，融合了双格教育理念的教学研究思路更为清晰。科研项目按计划推进，取得阶段性成效，日渐凸显双格教育理念，支持和推动了园本教研的开展。

5. 教师培养工作。青年教师的学习态度有所提高，在环境创设、区域游戏指导能力上有进步；骨干教师逐渐具备了更高的承受能力和学习能力，独立思考和实践能力有所提高。

6. 家长工作。"共情润心"家园共育的思路、方法初见成效，家长能积极配合我们共同促进幼儿的全面发展。

7. 社区早教基本模式效果初见，发挥了早教基地的辐射作用。

(二)存在问题

1. 幼儿发展方面，在上肢投掷准确性和身体柔韧性上还有不足，这是比较普遍的问题。幼儿在感知、识别他人情绪的能力上还普遍存在不足。

2. 对于渗透双格理念的主题活动，从设计、实施到总结还存在缺乏系统性思考、体现双格理念不多、不够的现象。老师对双格理念与自身实践结合的深入思考不够，思路有待拓宽。双格课程的建构还需要继续丰富和具体化，尚在探索阶段。

3. 教研工作方面，低结构游戏研究因为时间和实验班级的局限性，深入不够，老师们在观念上距离真正的质的改变还有差距。

4. 卫生保健方面，从测查结果看，我园幼儿的五官保健状况依然不容乐观(近视、龋齿)。还需要保教共同配合，加强习惯培养。

5. 早教亲子基地建设方面，随着早教事业的大发展，亲子专职教师缺乏，影响到了今后的可持续发展。

二、指导思想

坚持科学发展观，深入贯彻《幼儿园教育指导纲要(试行)》(以下简称《纲要》)、《3～6岁儿童学习与发展指南》(以下简称《指南》)精神，以西城区教育科研月展评活动为契机，在促进幼儿全面发展的同时继续在日常保教、教研工作中落实健康人格和健康体格教育理念，以研促教提高教师专业核心能力。进一步提高业务干部、保健医进班指导的有效性，以市级示范园标准对照现存的主要问题逐项抓整改，做好申报市级示范园的各项准备。

三、主要任务和措施

(一)改变指导方式，丰富评价内容，进一步提高保教管理质量

1. 进一步加大业务干部进班指导、检查的力度，分工合作，聚焦重点，发挥每个业务干部的专业优势，将培训与检查、指导结合起来，在具体工作中帮助教师解决问题，提高能力，体会和落实《指南》精神。

2. 结合双格课程的探索与实践，抓住评价是导向的原则和方法，初步构建幼儿双格发展评价标准和教师教育工作质量评价标准。

(二)将日常保教工作与双格理念紧密联系起来，探索新的教学活动内容和环境育人形式，不断促进幼儿全面且富有个性地发展

1. 推进双格课程顶层设计与实施，帮助教师厘清《纲要》《指南》和双格理念的关系。

2. 围绕双格教育顶层设计思路，积极探索活动课程与环境创设的支持作用，实现幼儿的全面发展目标。

(1)继续探索适宜的主题活动设计。尝试通过年龄组集体备课的形式，集思广益，预设更加有利于幼儿全面发展，同时又蕴含双格理念的系列教育活动。

(2)继续充分利用教室空间，开展班级区域互动游戏活动，创造幼儿与他人沟通交流的机会和条件。

(3)在专业心理沙盘研究基础上，在各班都开辟沙箱游戏，丰富幼儿的游戏内容，在一定程度上也能丰富教师支持幼儿构建自己的健康人格的途径和手段。

(4)继续探索在环境创设中如何体现尊重幼儿的主动学习、自主管理。

(三)以活动促教研，继续提升教师支持幼儿主动发展的能力

本学期借助西城区教研月开放活动的契机，继续围绕解决教师"关注幼儿不够""支持幼儿的主动发展不够"的问题，从低结构游戏开展入手，深入实践与探索，落实《指南》精神。

(四)落实《教师培养三年规划》目标，提高教师水平，打造骨干核心力量

1. 落实教师学历进修激励机制，为教师进修成长提供有力支持，力争本学

期达到市级示范园教师学历要求。

2. 围绕园本教研、科研活动，为骨干教师锻炼实践能力和文字梳理能力搭台，提供支持，力争培养1~2名在区内较有影响力的骨干核心力量。初步构建市级示范园验收的核心教师队伍。

3. 继续按照区教研室统一部署做好新教师培训工作，选派适宜青年教师参训，提升教师队伍整体素养，打造教师梯队。

4. 根据园所发展需要和教师个人特点，选派适宜教师、业务干部继续参加心理沙盘、教育戏剧、音体教学等专项培训，提高教师整体素质，为今后的研究打基础。

(五)保健医参与班级环境创设，为班级营造健康教育环境给予专业指导

1. 与业务干部共同讨论，在班级环境创设中增加健康教育要素，引导幼儿主动探索，建构自己的健康知识，培养健康好习惯。

2. 主动了解班级开展健康教育活动的情况，及时跟进，在班级开展健康教育活动中积极提供专业知识的支持，提高教师的健康教育知识，为幼儿养成良好生活习惯，提高健康生活能力做出自己的专业贡献。

(六)积极探索"共情润心"家园共育新思路和新方法，努力营造家园共促幼儿全面且富有个性的发展的积极氛围

1. 充分发挥中心资源优势，为家长提供教育、养育、心理等多方面的专业支持和帮助，为家长提升科学育人能力服务。

2. 继续深挖"家长助教"活动形式，通过家长园地专栏和家园微信群及时宣传，吸引更多家长关注助教活动。助教内容与形式还要进一步创新。

3. 坚持活动育人的原则，抓住本学期的几个节日关键点开展丰富多彩的家长开放日活动，沟通家园关系，共促幼儿发展。

(七)按照示范园要求努力提高早教基地软硬件条件，体现早教基地辐射周边的作用

1. 通过中心平台，积极引进一名高学历、综合素质优秀的毕业生到早教基地工作。同时在园所内部调剂，选调一名综合素质优良，有早教教学实践经验的教师任早教基地专业教师。

2. 在中心大力支持下完成六楼早教基地的装修建设，为今后发展打好基础。

3. 充分发挥妇联系统的优势与作用，积极参与联合国儿基会0~3岁全国儿童早期综合发展项目，送教下乡，体现早教基地辐射作用。

4. 整理几年来早教基地的实践经验，初步完成早教课程的构建和基本内容的收集整理。

5. 积极开展社会早教宣教活动，体现早教基地辐射周边、服务广大家庭的作用。

（八）以学习的态度积极推进拉手园工作，相互交流共同提高

1. 按照区教委要求，在彼此沟通的基础上制订拉手计划。

2. 根据本园教研和培训工作安排，积极邀请拉手园业务干部和骨干教师来园交流，互相学习，本学期不少于三次。

四、重点工作逐月安排

	具体工作	主要执行人（完成时间）
8月	1. 业务培训。内容包括双格环境创设、主题活动、家园沟通、师德培训等。 2. 对"一日常规"进行进一步完善和调整。 3. 新班教师家访，布置班级环境。	1. 薛扬、李红(8月20—22日) 2. 薛扬、李红、张晓慧(8月25—27日) 3. 李红与小班组教师(8月25—29日)
9月	1. 主题教育月："双格微笑月"活动。 2. 落实、抽查"一日常规"执行情况。 3. 通过集体备课，各班确立本学期主题活动的方向和环境创设思路。 4. 低结构游戏、教育戏剧、沙盘游戏教研活动(教师培训、教学研讨会)。 5. 业务培训。研讨《3～6岁儿童学习与发展指南》与日常工作的有机结合"。 6. 中大班家长会，新生家长会。 7. 各班开展幼儿初期发展评价，全园评估报告。	1. 薛扬、李红、侯胜利(9月1—30日) 2. 薛扬、李红、丁晓函(9月16—30日) 3. 薛扬、李红与各班教师(9月1—5日) 4. 薛扬、张丹、丁晓函(9月3日、10日、17日、24日) 5. 薛扬、李红(9月9日) 6. 李红与各班班长(9月3日、4日、5日) 7. 各班老师与薛扬(9月1—19日)
10月	1. 主题教育月："我爱运动"活动。 2. 中心"健康人格大讲堂"活动。 3. 家长专题讲座。 4. "走进大自然"亲子采摘节活动。 5. "我和爸爸、妈妈、老师一起来竞赛"晨间亲子徒步走比赛。 6. 中大班间操会操活动。 7. 低结构游戏、教育戏剧、沙盘游戏、天文教研活动(示范课、观摩课)。 8. 业务培训。研讨《3～6岁儿童学习与发展指南》与教师行为的转变"。	1. 李红、薛扬(10月8—30日) 2. 薛扬、张丹、丁晓函(10月25日) 3. 李红(10月10) 4. 李红(10月13日、14日、15日) 5. 李红(10月21日) 6. 李红、薛扬(10月22—24日) 7. 薛扬、李红、张丹、丁晓函(10月9日、15日、22日、29日) 8. 薛扬、李红(10月28日)

续表

	具体工作	主要执行人(完成时间)
11月	1. 主题教育月:"健康从我做起"活动。 2. 教师健康知识专题讲座。 3. 家长专题讲座。 4. 开展"营养与美味"厨艺大比拼活动。 5. 保育基本功大练兵。 6."阅读点亮童年"亲子故事会。 7. 低结构游戏、教育戏剧、沙盘游戏、天文教研活动(研讨、交流)。 8. 青年教师观摩课。	1. 李红(11月1—30日) 2. 李红(11月4日) 3. 李红(11月5日) 4. 李红、张晓慧(11月14日) 5. 李红、张晓慧(11月17日) 6. 李红(11月15日) 7. 薛扬、李红、张丹、丁晓函(11月5日、12日、19日、26日) 8. 薛扬、李红(11月17—28日)
12月	1. 西城区科研月活动。 2. 家长半日开放活动。 3."我们一起过新年"亲子活动。 4. 阳光体育活动——"阳光父教"健康体育活动。 5. 各研究课题结题,形成研究报告。 6. 青年教师观摩课。	1. 薛扬、李红(暂定12月10日) 2. 李红(12月25日) 3. 李红(12月29—31日) 4. 李红、张晓慧(12月9—23日) 5. 薛扬、张丹、丁晓函(12月22—31日) 6. 薛扬、李红(12月22—31日)
1月	1. 家长育儿经验交流分享活动。 2. 班级、全园两级保教、教研、课题工作总结,文案整理。逐步完善、丰富双格主题活动案例库。 3. 第二次幼儿发展评价、全园发展评估。 4. 整理、统计教师业务培训记录表。	1. 李红(1月9日) 2. 薛扬、张丹(1月7—14日) 3. 各班老师(1月7—14日) 4. 曹文静(1月15—16日)

一、园长指导制订保教工作计划的原则

园长指导保教计划重点在思路、方向的把握,通过文本有效地指导保教工作向着整体计划的方向推进。因此,园长首先要对保教工作计划制订的整体思路做到心中有数。对比上面这两个文本,可以发现保教工作计划是为了贯彻落实全园

工作计划整体意图而设计的。因此，园长在批阅保教工作计划时，应以本学期全园工作的整体思路比照分析，重点看保教工作计划的现状分析是否清晰精准，目标设定是否适宜明确，重点工作是否准确突出，措施方法是否有效可行，逐月安排是否全面合理。

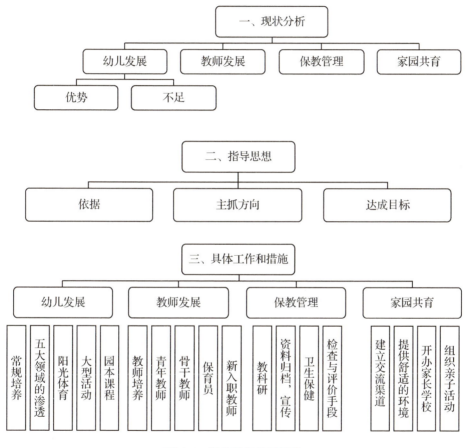

图 4-1　保教计划书写框架

（一）现状分析清晰精准

保教工作现状分析来源于对上学期保教工作的总结，主要是从优势和不足两方面分析，分析的内容和对象主要是上述保教管理的几个方面。保教管理优势和不足的分析，不在于文字的多少，而在于思路清晰、分析精准。俗话说，"知己知彼百战不殆"，保教现状分析切忌套用大话空话，而是要从幼儿发展、教师发展、日常保教管理、家园共育几大块内容实实在在地分析总结优势与不足。对优势和问题要有归因分析和思考，也就是说要明白拥有优势和出现问题的原因是什么？出现问题是人的主观能动性不足，还是理念不清？是日常保教管理缺乏规范和创造性，或是教师需要理论或技能的提升，还是制度管理没能发挥实效性？深入细致的归因分析可以反映出管理理念、途径和方式可行与否，为新学期工作提出需要解决的问题和努力的方向。

园长在指导业务管理者制订幼儿园保教管理整体工作计划的时候，可以和业务干部一起分析讨论幼儿园保教工作目前的状况，最好能够结合具体的实例，梳理共性，聚焦问题，这样才有助于幼儿园依据问题确定下一步具体可行的保教工作，使管理方向明确。园长要引导业务干部认识到现状分析对于制订计划的重要作用，问题的分析是否清晰、准确，能反映出业务干部的管理水平的高低。

(二)目标设定适宜明确

保教工作目标的确定来源于全园计划的工作思路。以及对园所保教质量的客观分析。目标的设定首先必须是适宜的。很多业务管理者在设定保教目标的时候，习惯性地参考或照搬之前设定的目标或者索性拿别的园所的目标作为参考。这样做，往往导致提出的目标与解决保教工作问题，促进保教工作质量提高毫不相干，无法通过计划有效地组织利用人力、物力、财力等资源协调组织各项保教工作，更无法确保保教工作取得进展。因此，保教工作目标必须来源于幼儿园保教工作当前发展的需要。前面列举的保教计划中提出，"在日常保教、教研工作中落实健康人格和健康体格教育理念，以研促教提高教师专业核心能力。进一步提高业务干部、保健医进班指导的有效性，以市级示范园标准对照现存的主要问题逐项抓整改，做好申报市级示范园的各项准备"。保教工作目标就是源于幼儿园当前阶段问题与需求而提出的，因此具有适宜性和可操作性。

保教计划的目标一定要明确、具体，在后面的工作安排中可操作、可实现、可检验。任何不能达成的目标都是空洞、没有意义的。在指导业务干部设定保教工作目标时，园长要引导业务干部学会兼顾全园工作目标的整体性与保教工作目标的聚焦性，聚焦保教工作现阶段问题，提出明确可行的目标，推动幼儿园保教工作不断发展。

(三)重点工作准确突出

重点工作和任务，主要是为了达成目标而开展的一些主要工作，或者说为完成目标而运用的一些主要的载体和途径。既然是重点工作就不是包罗万象、事无巨细的，一定是根据幼儿园保教工作各方面的要求，有侧重地制订，以便在学期工作中，能够有重点地突破和完成。例如，前面中国儿童中心实验幼儿园的保教计划中，提出了八项主要措施：

（一）改变指导方式，丰富评价内容，进一步提高保教管理质量。

（二）将日常保教工作与双格理念紧密联系起来，积极探索新的教学活动内容和环境育人形式，不断促进幼儿全面且富有个性地发展。

（三）以活动促教研，继续提升教师支持幼儿主动发展的能力。

（四）落实《教师培养三年规划》目标，提高教师整体水平，打造骨干核心力量。

（五）保健医参与班级环境创设，为班级营造健康教育环境给予专业指导。

（六）积极探索"共情润心"家园共育的新思路和新方法，努力营造家园共促幼儿全面且富有个性发展的积极氛围。

（七）按照示范园要求努力提高早教基地软硬件条件，体现早教基地辐射周边的作用。

（八）以学习的态度积极推进拉手园工作，相互交流共同提高。

这八项工作，体现了该园保教工作重视的八个方面，即保教质量评价的重点、保教活动对理念的渗透点、园本教研的重点、教师培养的重点、保健工作的重点、家园共育的重点、园所软硬件条件提高的重点、手拉手工作的重点。

（四）措施方法有效可行

在指导业务干部制订保教计划的过程中，园长需要判断重点工作之下的具体措施是通过什么方式、什么手段完成的，如通过讲座、展示、观摩、教研、自荐活动、外出参观学习、制度建设等。这些手段和措施需要业务管理者动脑子、创造性地设计和制订，措施手段要有利于问题的突破和解决，甚至是事半功倍的突破和解决重点问题，这就是措施的有效性和可行性。例如，为了提高教师的保教能力，除了通过园本教研、为教师提供外出培训学习的机会，还可以有什么其他的方法呢？另外，措施方法也应该具有层次性，如针对青年教师和经验丰富的教师保教能力培养的方法也要有所不同。措施有效才能唤起教师落实计划的动力，才能有效地支持保教计划目标的达成。

（五）逐月安排全面合理

除上述重点工作外还有一些日常的常规工作，按照月工作重点进行排列，使每月保教工作管理线索清晰，更有操作性。这就要求园长能够对比全园计划中的逐月工作安排来平衡和调整。既要考虑内容是否全面，又要考虑到每月的安排是否合理。例如，幼儿常规培养与检查工作，可以为下一阶段丰富的保教活动提供良好习惯的基础保障，适宜安排在学期初的一两个月进行。课程开放和节庆活动可以安排在同一个月，形成节日系列庆祝活动。园长与业务干部协调保教计划中的每月安排，可以将全园计划中的每月安排有选择地与保教计划合并，保障保教计划中的每月安排可以更加全面合理。

文本规范不仅能够体现保教管理的工作思路，更能体现管理者的专业水平，园长指导保教工作计划的过程就是提升干部整体业务水平和素质的过程。这个过程，体现着园长严谨、认真负责的工作态度，也能反映出幼儿园的文化和形象。因此，园长对文本规范性的指导非常必要。园长在指导业务管理者制订幼儿园保教计划的时候，不仅要从宏观上对内容与形式进行把关，更重要的是对细节、过程、质量的把控。

二、园长指导保教工作计划的方法与策略

(一)听思路，细沟通

每个人做事都是在一定的思想观念的指引下进行的，业务管理者制订保教计划也是有他们自身的思路和想法的。所以，在指导过程中，如果园长对保教计划有不同的想法，也要本着尊重他人劳动、尊重他人观点的态度先去耐心倾听业务管理者想法，了解他们的思路。在意见不同的情况下，要通过研讨的方式去充分沟通，寻找解决问题的办法。一方面，可引导业务管理者自己发现问题所在，知其然，还知其所以然；另一方面，园长的耐心、尊重会让业务管理者对工作更有信心，敢说话，有自己的想法，敢于大胆尝试，创造性地开展工作。当然，园长有时也可以采用团队研讨的方式，充分利用团队的力量和智慧，共同分析，达成一致，再请业务管理者改进。这样会让更多的管理者了解保教工作思路，管理层更能上下一条心，为不断提高工作质量，形成有特色的幼儿园共同努力！

(二)同阅读，共诊断

计划的形成，不是一蹴而就的，需要多次协商和调整。即使计划已经建立在沟通的基础上，但是沟通的效果如何，还需要结合园长和保教管理者对计划的进一步审阅来决定。审阅的过程，其实就是一个发现问题的过程，在这个过程里，每个人可以把自己置身事外，从局外人的角度审视保教计划的合理性及可行性，判断计划的内容是否可操作，计划的内容是否做到面面俱到了，等等。这些问题都需要园长与保教管理者共同阅读计划文本，共同诊断。

(三)看细节，重操作

保教管理计划与全园计划不同，它涉及很多具体工作的落实，这些工作有的

可能还有详细计划(比如家园工作、教科研工作)有的却没有，所以它的目标、措施设计不宜太过笼统和泛化，要具体可操作，使管理有针对性，有实效性。例如，某园在保教工作中出现的保教工作问题是"日常保教工作不够规范"，目标是"加强日常保教工作规范性"。可以想见，如此宏观笼统的问题和目标是可以适合任何一所幼儿园，任何一个学期的。那么，不规范在哪些地方、哪些环节？有没有可以具体改进的地方，怎么改进？笼统的设计导致实施时也是眉毛胡子一把抓，都是走形式，难以达到改进管理的效果。如果每学期的计划都如此制订，可想而知，保教质量是难以提高的，因为它太缺乏针对性。所以，园长在指导业务管理者时要能够针对这样的问题给业务管理者指出，引导和督促他们将问题诊断清楚，使设计具体可行。

（四）理论联系实际

园长指导保教计划时，切忌只针对结构、文字与业务管理者谈计划的合适与否，就计划谈计划，而是要结合日常观察到的实际情况，结合从各种途径调研到的问题，以及教改形式、幼儿园的发展需要等各方面信息，帮助业务管理者来推敲保教管理的设计思路是否合适。只有结合实践讨论，才能使计划更贴近实际，解决保教过程中切实存在的问题，解决教师的困惑。就文字谈计划容易让业务管理者更关注文字的修改而脱离实际，使计划流于形式，让计划沦为空中楼阁。并且，一味强调文字，强调格式，也容易让业务管理者忽视计划整体思路的构建。当然，结合实践就要求园长不仅能通过平日细致认真的查班指导，与保教人员的日常沟通，同家长的交流等途径深入了解一线保教工作的实际状况和需要，还要加强自身学习，这样与业务管理者研讨时才能心中有数，才能指导得更有针对性，更易于被接纳。

第二节　园长指导保教工作实施的原则与方法

实践是检验真理的唯一标准。保教计划制订好了，并不代表保教工作就能有好效果，因为计划只是代表了保教管理的基本思路和方向，能否落实还要看保教管理者和一线保教工作人员对计划的执行和实施情况。本节将从园长指导保教工作的具体内容——班级工作的观察与指导、大型活动策划引领、家园工作指导、教科研引领、文本的抽查与指导几个方面，对园长如何实施具体指导进行详细阐述。

一、充分了解指导保教实施的内容范畴

(一)班级工作的观察与指导

班级工作是保教管理的重点。一方面,班级是落实国家学前教育的方针、政策、幼儿园办园理念和思路,影响幼儿和教师发展、幼儿园质量的最基本单位,幼儿园的各项工作都要通过班级落实。另一方面,班级工作反映了幼儿园各方面的管理现状,园长进班可以了解到方方面面的信息。所以,园长对保教工作观察指导的重点还是在班级,班级工作做好了,全园保教工作质量才得以保障。按照国家对园长指导保教工作的要求,园长每周深入班级时间应不少于 8 小时。而很多深知保教工作质量对幼儿园发展意义,并且特别有教育理想和情怀的园长对班级工作的指导会远远超过这个时间。他们一般在没有其他工作羁绊的前提下,就会深入班级中去观察幼儿和教师的发展情况,掌握第一手资料。这 8 小时就是园长了解保教工作实践的宝贵时机,园长要紧紧抓住这个时机,按照全园计划、保教工作计划要求,运用自身专业理念、知识和能力,站在有利于幼儿、教师和幼儿园可持续发展的角度,深入班级,深入保教工作实践,了解日常保教工作质量,深入教科研了解、研究和解决保教实践问题,深入家园和社区了解家长对幼儿园的需求、家长的困惑,以及思考保教工作如何赢得家长的理解、支持和配合,等等。并且,园长对保教工作的了解应是全面的,只有了解全面才不至于以偏概全,一叶障目。

1. 知晓班级观察内容

园长指导班级保教工作的内容主要是依据共同制订的全园计划、保教工作计划,对班级保教实践过程中的幼儿、教师行为进行观察,分析保教管理优势和问题,深入思考后再与保教管理者进行沟通、反馈,调整改进保教管理工作。要观察的内容具体而言有班级安全工作的落实、保健卫生制度的规范执行、幼儿情绪和各方面发展现状的观察、班级环境的创设对于幼儿发展的支持作用、一日活动能否科学合理地安排、师幼互动的情况、家园共育工作的开展、保教人员能否按制度执行各项工作及相互配合是否默契,等等。通过观察这些内容,园长可以了解幼儿园各项工作落实情况、教师的专业理念和师德及其专业知识和能力,从而可以掌握一线实际情况,对保教管理工作提出自己的意见和建议。

2. 明确观察指导的目标

在指导保教工作的过程中园长要做到目标明确。园长要明确的:一是看什

么，了解保教工作的具体内容，才能指导保教管理者进行全面思考。二是怎么看，规范的、高质量的保教实践是什么样子的，如何才能引导保教管理者通过保教管理使保教实践做到位，做得更有实效。三是怎么办，当看到幼儿园保教实践不尽人意，有许多需要提高的地方，园长要思考怎样对保教管理者和教师进行反馈和指导，能尊重和保护他们的积极性，又能促使他们创造性地开展工作，提高工作质量。

3. 了解班级观察方式

园长对班级工作指导一般可以采用比较灵活的方式。从人员上说，园长可以独自进班观察指导，也可以和业务管理者、保健医共同进班观察指导。从时间上来说，园长可以建立随时进班指导的机制，随时进班观察。从观察内容上说，园长可选择对生活环节、户外活动、教学活动等不同的内容进行观察。从观察对象上说，园长可以选择骨干教师观察，也可选择青年教师观察。园长还可利用一些专门的活动观察，如借助本园开展的园内技术练兵式的比赛、教研活动、考核评价等有计划地进班指导。无论什么方式的指导，园长最好采用有计划与随机指导相结合的方式，避免形成规律，这样才能看到更真实的质量现状。

4. 注重观察指导过程

园长了解了进班观察指导的内容、目标、方式，就进入了实实在在的进班指导过程。园长进班指导过程主要是通过看、听、思、沟通完成的。

（1）观察幼儿在游戏中的发展情况

一是看幼儿情绪。情绪是指伴随着认知和意识过程产生的对外界事物的态度，是对客观事物和主体需求之间关系的反应，是以个体的愿望和需要为中介的一种心理活动。情绪包含情绪体验、情绪行为、情绪唤醒和对刺激物的认知等复杂成分。人的喜、怒、悲、惧等情绪随时随地都会发生，情感的起伏变化，就像染色剂和催化剂，给人的生活染上各种各样的色彩，加速或减速人的活动。积极的、快乐的情绪，使人充满生机和活力，它是幸福与快乐的动力；消极情绪让人焦虑，心灰意冷，百无聊赖。幼儿也是如此。幼儿情绪往往还会从一个侧面折射出教师的儿童观、课程观、教育观、评价观等深层次的东西，也是园长了解班级精神环境的"寒暑表"。若幼儿在生活和游戏中，情绪安定、轻松、愉快，敢说敢动，不怕出错，往往反映出良好的班级精神氛围；幼儿心神不安，闷闷不乐，面无表情，见到来人不敢说、不敢动，做什么事情都要问老师或者小心翼翼，则反映的班级氛围可能不够宽松愉快。

二是看幼儿的发展。幼儿园教育的最终目的是要促进每一名幼儿获得全面发展，而幼儿是否获得了这样的发展是可以反映我们的教育成效、管理成效的，因此园长了解保教质量最好的方法是了解幼儿的发展情况，可通过一日生活中的生活环节、区域游戏、集体活动、户外活动等四大活动，以及大型活动中幼儿的参与性、积极性、自主性、发展性等方面去看。看的过程中需了解：首先是幼儿是否具有良好的学习品质和习惯（生活卫生和行为习惯），这是影响他未来学业成绩和终身发展的基本素质，也是经过实践证实的幼儿在幼儿阶段应该获得的。其次是观察幼儿的智力和思维水平，以及各领域学习发展情况。例如，了解不同年龄班的幼儿是否敢于表达自己的各种想法，能否自主地交流；观察幼儿是否敢于尝试探索，愿意动脑动手解决问题，不怕困难和挫折；是否有积极的自我概念和自信，愿意与他人交往，既能自由、自主游戏又能遵守必要的规则，有独立性又会合作，能够自我调控情绪，有一定的适应能力；幼儿生活自理能力和行为习惯如何；幼儿的思维发展、认知水平在什么水平，以及幼儿的审美、表达、表现能力等的发展。最后是要看幼儿发展的均衡性，即全体幼儿发展和个体差异情况，以帮助教师照顾到所有幼儿。还要观察幼儿是否得到了德、智、体、美全面发展，在某些方面是否有所缺失，如幼儿是否普遍运动耐力不够，玩一会儿就累了，等等。看幼儿的发展也是检验保教管理实效，了解教师责任心和专业性的有效途径。

（2）观察环境创设及育人作用的发挥

瑞士心理学家皮亚杰认为，人的潜力行为就是适应能力，环境是儿童发展最重要的因素之一。幼儿园的环境是指幼儿园内幼儿身心发展所必须具备的一切物质条件和精神条件的总和。幼儿园环境是重要的教育资源，它是一位不说话的老师，默默地在幼儿发展中发挥着隐性的支持作用。我国古代对此有精辟论述："近朱者赤，近墨者黑"，强调环境对人的感染作用；孟母三迁说明培养人才要注意环境的选择。古代教育家颜之推认为，环境是通过潜移默化的方式对儿童产生影响的，而这种影响是深入而持久的。所以《幼儿园教育指导纲要（试行）》《3～6岁儿童学习与发展指南》都强调要重视环境对幼儿的发展作用。园长观察班级环境基本上要观察以下几点。

第一，宽松民主的精神氛围。精神氛围是指幼儿园给幼儿创设的一种心理环境，它包括影响幼儿精神状态、情绪的一切因素。陈鹤琴先生曾经说过，怎样的环境就得到怎样的刺激，怎样的印象。如果环境宽松、民主、自由、平等、友善、无拘无束，允许幼儿出错和天马行空地想象，有利于幼儿主动学习及探索和谐的环境，幼儿的积极性、主动性、创造性就可以得到充分发挥。他们的自我概念、自我价值感、独立性，以及解决问题的能力、适应能力、合作能力等方方面面就能在与环境、伙伴、教师的多方互动中得到良好的发展。反之，如果环境不够宽松、民主，幼儿比较紧张、拘谨、沉闷、不敢说、不敢动，眼睛总是看老师，事事都依赖老师或者他人，凡事小心谨慎，没有主见，就无法形成自己对这个世界的认识、自己的想法失去主动发展的各种能力。这将对他们适应社会产生消极影响。园长一方面可以从幼儿情绪及其身心发展上了解班级环境和氛围，另一方面可以通过观察班级之间幼儿发展的差别去了解。这就需要园长边听边看，不断思考和分析。

我国社会主义核心价值观"富强、民主、文明、和谐、自由、平等、公正、法制、爱国、敬业、诚信、友善"这些精神层面的内容，需要从小进行培养，而幼儿的学习方式和特点又是通过与环境的互动获得发展，环境的创设往往能够形成潜移默化的影响。所以园长要关注全园环境创设，特别是班级精神环境创设及其育人作用的发挥。

第二，安全、卫生、舒适的物质环境。幼儿园必须把保护幼儿的生命和促进幼儿的健康放在首位。这是对幼儿园的环境提出的基本且必须达到的要求。应该说，卫生、安全的环境是幼儿健康成长的基本保障，也是开展一切活动的基础。因为儿童正处于身体不断生长发育的关键时期，各器官的生理功能尚不够完善，适应能力差，抵抗能力弱，在集体的环境下，相互接触密切，极易引起疾病传播。所以幼儿园的环境和材料应该符合卫生保健科学的合理要求，杜绝安全隐患。即使有些材料因幼儿发展需要而使用，也应该采取一些安全措施，避免安全事故的出现。安全卫生、舒适温馨的环境给幼儿带来家的感觉，让幼儿感到温暖、安全、舒服，有利于幼儿轻松愉快地参加到各种活动中。

第三，丰富、开放的玩具材料。游戏是幼儿学习的重要和基本途径，玩具是幼儿的教科书。幼儿思维的具体形象性决定了幼儿的学习方式是通过与环境和材料的相互作用实现的，所以，班级质量衡量标准之一就是要看玩具材料的投放和利用。玩具材料的投放基本上要遵守一些原则：首先是关注全体又照顾个体差异。既符合幼儿共同的年龄特点又适合不同发展水平、速度的幼儿的需要。其次是关注幼儿各方面发展又满足当前的兴趣需要。既包括了健康、社会、语言、科学、艺术等各方面目标的渗透，又有幼儿因兴趣需要而产生的个性化的材料。再次是低结构与高结构材料兼顾。低结构材料就是结构比较松散，可变性比较强的材料，无固定玩法和目标指向的材料，如纸箱、线轴、纸杯，原始材料树枝、花、石头、板材等，因没有固定的功能和玩法，幼儿可随心所欲，随意创造和利用，能给幼儿带来很大的想象、创造空间，能够促进幼儿多方面的发展，非常受幼儿欢迎。高结构材料有明确的固定玩法和功能，有明确的目标指向和渗透，通过玩这类玩具能使幼儿获得某些方面的发展。因其有相对固定的玩法，有内在的逻辑性，对幼儿的观察、分析、判断、推理、归纳、概括等思维能力的提高非常有好处，同时还能培养幼儿思维和做事的严谨性、条理性等。班级中这两种材料都要有，而且按照幼儿的学习方式和特点，高结构材料在幼儿初接触材料时或者玩过一段时间后，要允许幼儿变换玩法玩，甚至变换地方玩，使玩法更丰富，更能够满足幼儿的游戏需求。材料越开放越有利于幼儿保持兴趣，不断探索，进行想象和创造，在与材料相互作用中获得更好发展。最后是幼儿自发探索与目标引领下的探索相结合。当我们给幼儿提供了游戏材料和玩法空间后，幼儿多数自选、自主地玩游戏。但有时，完全开放的方式对于目的性不强且缺乏自主性的幼儿又形成了一定的难度，让他们不知所措，影响幼儿游戏发展，此时若教师提供一些支持材料可以引发幼儿的兴趣，如拼搭的图示，用于丰富表达经验、支持幼儿获得更多解决问题办法的图书，甚至提出一些问题等，将教育目标渗透其中，可以帮助幼儿形成目标而引导幼儿进行探索、学习。

第四，引起幼儿兴趣的班级互动环境。趣味性、挑战性是吸引幼儿参加活动的前提。环境创设能否吸引幼儿关注，支持幼儿的主动学习，获得多方面的学习和经验，除了看游戏材料还要看班级互动环境，互动环境的创设包括区域划分、教学设施摆放和利用、互动墙饰。区域划分是否科学合理，要看是否动静相对分开，是否美工区离水池近、读书采光条件较好等。互动墙饰主要反映幼儿丰富的活动和探索学习的过程：幼儿的兴趣需要，遇到的问题、困难，解决问题的过程方法的梳理等。它对幼儿计划、实施和回顾整个活动，形成清晰的思维线索，积累经验，可以起到很好的支持作用。同时，会说话的互动墙饰还能够起到引发幼儿兴趣进行探究，引导幼儿通过提供的图示、同伴经验等进行学习的作用。

（3）观察一日活动的设计和实施

《幼儿园教育指导纲要（试行）》指出，幼儿一日生活中的各项活动都对幼儿发展有重要价值，应有机整合各项活动，努力提高各项活动的整体效果。幼儿园课程的内容可以相对地划分为一些领域，应充分挖掘和利用各领域内部和各领域之间的内在联系，对课程内容进行合理、有效地整合，幼儿园的教育内容可以并应该有其他的划分和整合方式。幼儿园一日生活各项活动，按照大家习惯的说法包括生活环节、区域游戏、集体活动和户外活动几大部分。这几大部分都是幼儿园课程的重要组成部分，若科学合理地设计和实施，注重内在联系，就能以其特点和功能在幼儿发展中起重要作用。园长观察教师一日生活的设计和实施主要应了解以下一些情况。

第一，理念的理解和落实。理念的落实主要指《幼儿园工作规程》《幼儿园教育指导纲要（试行）》《3～6岁儿童学习与发展指南》等国家文件中对幼儿园教育的要求。其中包括以人为本的儿童观、课程观、教育观、发展观等。这些观念，教师是如何落实在一日生活中的，在落实过程中有什么经验、困惑，都是园长要通过实践了解的。

第二，整体观的落实。"幼儿的发展是整体的、全面的，幼儿教育应注重整体性和全面性"。"幼儿教育的整合层次包括观念的整合、目标的整合、内容的整合、资源的整合、方法形式和手段的整合、发展的整合"。"幼儿教育整合的策略包括：把一日生活看成一个教育的整体，注意教育内容之间的整合，在现实的、多样化的活动过程中实现整合"。① 这些整合都应该是自然有机的，而不是为了整合而整合的大拼盘。这些整合应是符合幼儿年龄特点和学习方式的，整合也使幼儿的学习内容更丰富、方式更灵活，能使幼儿获得多方面的发展。例如：区域和集体活动整合，将时间整体打通，满足幼儿为毕业典礼做准备、进行展示的需求；发挥幼儿自主性，学会合理安排时间和生活，将生活环节与游戏环节结合，用"水吧"游戏引导幼儿自己决定加餐和喝水的时间等。这些活动都体现了一些整合的理念，将班级资源、幼儿多方面发展目标、幼儿个体差异等进行有机合理安排，满足幼儿不同特点、水平、速度的发展需要，让幼儿生活得更自在、自由和自主。

第三，科学合理的设计和实施。一日生活的科学合理与否，表现在能不能根据幼儿身心发展规律和教育的基本原则，做好一日生活的设计和实施。幼儿身心发展还很不成熟，容易疲劳，注意力保持时间短，一日活动的安排就要动静结合、室内外结合，生活、游戏、教学等各种教育方式交替进行，让幼儿大脑两半球轮流得到不同程度的刺激，获得不同方面发展。例如，幼儿注意力保持时间短，思维以直接行动思维和具体形象思维为主，集体听讲，或者做某类活动的时间就不能太长，操作活动量要加大，等等。

第四，班级活动开展能否满足幼儿发展需要。班级都在开展什么活动，这些

---

① 教育部基础教育司.《幼儿园教育指导纲要（试行）》解读［M］. 南京：江苏教育出版社. 2002：56-58.

活动的目标是否符合幼儿的年龄特点、兴趣和需要，活动是否自然、有整体性，渗透了各领域目标，既照顾到全体幼儿全面发展，又关注到个体差异。活动是否能够尊重幼儿的学习特点和方式，在遵循幼儿的发展速度和水平的基础上开展。活动过程是否发挥了幼儿的主体性，幼儿参与是否积极、踊跃，而且不同特点和水平的幼儿是否都能够有所发展。

第五，教师教育教学中的专业化水平。进班观察还可以看到教师的精神面貌、专业发展现状及他们的需求。教师是否热爱这个工作，爱幼儿，有良好的师德，进班观察是可以看到的。一般来说，爱事业、爱孩子的教师给人的感觉应该是朝气蓬勃，具有积极进取的精神状态和一定的紧张度的。他们爱孩子，能够本着平等、尊重的原则与幼儿相处，注重营造一种宽松、民主、公平的班级氛围。他们注重观察幼儿，了解幼儿的兴趣和真实需要，在幼儿需要时给予支持和帮助。

第六，班级工作常规和保教人员的配合。班级工作常规是班级保教人员必须遵守的相关制度、工作流程和要求，是幼儿一日生活安全、健康、有质量的保证。因此要求保教人员要本着保教结合的原则密切配合，协调一致。保教结合原则要求保育和教育相结合，这里一方面指保教人员之间在工作上的相互配合，另一方面指教师自身工作实践中具有保育和教育相结合的意识和能力，保教配合的好坏直接影响保教工作的质量。园长的观察指导重点，一是在保教工作的配合上。教师要带领保育员严格执行幼儿园一日生活常规，按照工作流程和要求开展保教工作，保证幼儿形成良好的、健康的生活卫生习惯，发挥教师的引领作用，引导保育员配合教育教学活动。例如，集体、户外活动的准备及过程中的指导，区域游戏的观察指导，环境创设等，让幼儿获得全面发展，形成良好的行为习惯和品质。二是在保教人员自身保教结合的意识和行为上。例如，教师在教育过程中是否关注到了幼儿情绪变化，幼儿自我服务能力、自我保护能力的培养；保育员在保育工作过程中，是否注意发挥幼儿主体性，引导幼儿学会生活，能否在关心照顾幼儿生活时也关注幼儿心理发展及自尊、自信的培养。

进班观察收集到的信息能为保教管理工作计划的制订提供有针对性的指导。园长无论是走马观花，还是深入参与研讨，都应从园所管理的角度，从促进幼儿和教师良好发展的角度去审视实践，反思管理。只有如此用心，才会感受到进班观察的重要，才会找到管理的提高点、创新点，才更会有助于园长梳理管理思路。

5. 强调观察之后的反馈

进班观察是为了改进工作，因此，当业务管理者按计划有目的地进入班级中了解和观察后，就需要及时把观察到的情况反馈给有关教师和业务管理者，并且在此基础上对班级工作和保教管理工作提供适当的指导。关于指导，北京市教科院早教所梁雅珠老师曾区分为有目的的指导、针对问题的指导、从研究的角度指导、帮助教师总结经验的指导等。我们则认为，业务管理者的指导可以更简明地概括为两种：一种是即时性指导，即主要针对班级、教师存在的突出的、必须马上纠正的问题做出指导。例如，如果在进班观察中发现了教师的师德、语态，以及教室环境的安全等可能影响幼儿身心健康，就必须立即加以指导，马上予以解决。另一种是反馈、沟通与分析后的延时指导，即对检查中发现的那些不是必须马上解决的问题，园长可以与业务管理者沟通，或者与教师一起进行深入分析和研究，探讨产生问题的原因，寻找解决问题的途径和方法，引导教师自己去解决问题。这样，不仅问题得到了解决，而且在解决问题的过程中，教师的思想认识水平和解决问题的能力也得到了提升。需要注意的是，无论跟谁进行沟通，园长都要在尊重保教人员劳动和保教人员人格的前提下，思考好如何与其沟通，要力图使沟通、反馈能保护和激励保教人员的工作积极性，又能使他们自己发现问题，达到解决问题、提高质量的目的。

6. 重视观察指导之后的效果跟进

当完成了进班观察和指导工作后，并不意味着这项工作就完成了。依据全面质量管理的科学程序，还需要经历一个环节——效果的跟进和发现可能产生的新问题。园长可以提醒和督促业务管理者加强这方面的观察，深入一线了解教师的改进情况，如果有时间，园长也可亲自进入班级进行有针对性的指导。主要是了解如下情况：园长的指导是否被教师认可和接受？改进工作的策略是否有效，教师教学行为是否获得改善，在调整过程中是否又产生了新的问题，等等。在效果跟进指导中，同样可以运用前面所提到的各种进班观察记录和分析汇总的方法。园所的保教质量也就能在这样一个周而复始的循环管理中不断提升和改善。

7. 铭记进班观察指导的注意事项

日常进班观察和指导是业务管理者的主要工作之一，这项工作的实效性直接影响着园所的日常保教质量及教师的专业发展。因此，业务管理者必须以高度负责的态度和认真、切实、细致的作风，做好进班观察和指导工作。为此，业务管理者在工作过程中需要注意以下事项。

（1）进班观察和指导要以目标为依据，有目的地进行

在进班观察和指导过程中，园长要有明确的目标，这里的目标包括：幼儿发展的目标、园所质量的目标、近期工作重点的目标，以及当次进班观察指导的具体目标。只有管理者心中目标明确，才能发现教师工作的闪光点，并及时捕捉到当前可能存在的问题。

（2）进班观察和指导要注重引导教师的自我反思和自我发展

在进班观察中，我们能够发现优势，也能够发现问题，我们通过指导最终希望能够获得良好的效果。但是在发现问题和调整改进过程中，不能仅为了追求好的结果，就直接将方法和策略告诉教师。正确的做法应该是，园长把进班观察中发现的问题反馈给业务管理者和教师后，要和教师一起分析问题产生的内在实质、问题带来的后果等，并且在此基础上耐心引导教师发现、探寻解决问题的途径和方法。这是一个教师自我反思和自我发展的过程。通过这个过程，不仅问题得到解决，工作得到改进，而且教师的专业水平得到提高，教师的教育理念得到升华，整个园所的教师队伍也会获得发展。在进班检查和指导过程中，这样做具有更为重要的意义。

（3）从细节中发现问题

幼儿园一日工作纷繁复杂，作为业务管理者一定要善于在进班过程中从细节中发现问题。因为这些细节往往反映了教师的教育观。例如，教师在幼儿如厕、洗手环节是否始终跟随幼儿，活动中如何与幼儿互动等，都反映了教师是否具有"生活即教育"的理念。又如，班级环境墙饰的高度，反映了教师的"儿童观"——是否将幼儿当作了教室的主人。

（4）检查必须和指导结合在一起，指导要讲究方式方法

作为业务管理者一定要明确进班观察时检查不是目的，重点在于指导提高。只有明确了进班观察和指导的关系定位后，才可能将进班观察作为促进教师专业成长，确保园所保教质量的一种途径。而在指导的时候，业务管理者更要注重讲究方式方法，在爱护教师自尊心，保护教师自信心的同时，引领他们自己发现问题，思考问题产生的原因，并不断改善自身行为。只有这样才能避免管理者与教师互相对立的现象出现。

（5）进班观察和指导要以情动人，提升教师的内驱力

邓小平同志早就指出："领导就是服务。"因此，在业务管理者进班观察和指导时，要体现出服务意识、服务精神，有切实的行为。

其一，尊重人、理解人是服务的前提。管理者要在进班过程中真诚地关怀每一位教师，创建一个相互支撑、关系融洽的人际环境。

其二，让教师能够在与管理者进班互动过程中感受到园所"人人为我，我为人人"的服务理念。

其三，要以平和心态对待进班中发现的问题，满足教师的心理需求，认同服务对象的合理要求。

其四，在进班过程中管理者要平等、公正地对待每一位教师，多看"亮点"，以优带弱，并以平和的心态与教师建立一种相互尊重、相互合作的人际关系。

其五，着眼于教师的精神提升和自我实现。这种服务所带来的效益是人的成长、提高和发展。

日常进班观察和指导是业务管理者的基本功之一，也是确保园所质量的基本工作之一。因此，园长一定要高度重视这项工作的落实，确保日常进班观察和指导的时间、次数和质量。

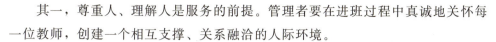

（二）大型活动策划与指导

幼儿园开展大型活动是园所文化建设和课程建设的一部分，由于涉及面广，参与人数多，它对幼儿园各方面工作的开展都具有非常重要的意义。对于幼儿而言，可以丰富幼儿生活，开阔幼儿眼界，扩大幼儿交往范围，提高幼儿交往、表达等各方面能力，有利于良好儿童集体感的形成，有利于亲子关系的形成，促进幼儿整体素质的发展。对于教师而言，可以发挥教师潜能，给教师创造展示才能的机会，促进教师的想象力、创造力、组织协调能力、分工合作能力等综合能力的提高。对于幼儿园而言，大型活动是幼儿园对外宣传的窗口，提升幼儿园品牌与市场竞争力的途径。通过大型活动可以充分展示幼儿园特色文化和研究成果，让家长和社会了解幼儿园，促进交流，加强理解，建立良好关系，进而获得家长、社会的广泛支持。因此，每所幼儿园都会通过精心策划的一些大型活动，促进幼儿和教师发展，扩大幼儿园的影响力。

1. 明确园长在幼儿园大型活动中的角色

一是倡议者。园长常常会从促进全园幼儿、教师发展，文化建设，树立品牌形象，加强家园联系和沟通，对外宣传等角度出发，根据幼儿园的实际和当前社会的一些热点和敏感问题倡议开展一些大型活动，并亲自组织策划和实施。例如：从促进幼儿全面发展出发或者针对某领域教育比较薄弱的问题开展全园艺术节、体育节、科技节等；从课程建设的角度，有的园所尝试开展全园性主题活动，促进幼儿之间的交流沟通；幼儿园比较有纪念意义的园庆活动多是由园长发起的，经过园务会讨论再征求大家意见，然后园长会带领大家一起确定活动目标、活动内容和方式，确定参与人员和部门，进行分工和协调，将幼儿园的活动意图直接转化为可操作的具体实践，并督促各方及时落实以推进工作。根据分工，园长应亲自与领导、专家等进行沟通，邀请他们进行工作指导，亲自召开家长委员会，宣传活动意图，取得家长支持和帮助，并召开几次各部门协调会来了解活动在不同阶段的落实情况，以保证大型活动按时顺利开展。

二是支持者。对于园内教师和保教干部倡议开展的大型活动，或者一些常规的、超越班级的、有利于幼儿发展的大型活动给予支持和帮助。园长的支持主要体现在：听取相关人员对大型活动开展的理由、理念和方式等内容的陈述，然后从安全性、价值性、可操作性等方面进行分析判断，确定是否予以支持，一旦批准就会指导业务管理者关注活动全过程，给予指导和帮助，有时也会亲身参与其中，了解活动开展情况。

三是指导者。大型活动一般由业务干部或教师经大家或者某教研组讨论通过，并上报园长批准，然后开展。在业务管理者、教研组策划和组织大型活动过程中，园长应亲自参与倾听，了解活动方案和实施细节，针对其中的安全预案（卫生保健与安全措施）、教师的物质准备、过程中应该遵循的理念、活动开展的流程和方法、应注意的问题等提出自己的建议，以帮助业务管理者按照幼儿园的办园理念、目标将大型活动安全顺利开展好，达到以大型活动促进幼儿全面发展的目的。必要时，园长也会参与部门协调工作，给大型活动提供有力支持。园长参加到大型活动中，召开全园各部门领导或者家长委员会参加的协调会，给大型活动提供坚实的后勤保障和服务。无论是亲自策划还是参与指导，这些活动也是保教工作的一部分，它对丰富幼儿生活、开阔幼儿眼界、促进幼儿主动发展等方面起着不可忽视的作用。

2. 知晓幼儿园大型活动的种类

幼儿园大型活动的种类繁多，从不同角度可以分为以下几种：从范围来说，可以有全园大型活动、教研组大型活动；按场地可以分为园内、园外活动；按内容可以分为节日庆祝活动（节日、园庆），常规活动（迎新生入园、毕业典礼、开学典礼、春游、秋游、运动会等），特色活动（体育节、艺术节、早餐会），爱心公益活动（义卖、跳蚤市场、关爱老人），其他活动（安全演习）。大型活动的方式也是多种多样的，有的是亲子式的，有的是慰问联谊，有的以表演为主，有的以

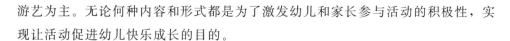

游艺为主。无论何种内容和形式都是为了激发幼儿和家长参与活动的积极性，实现让活动促进幼儿快乐成长的目的。

3. 熟悉幼儿园大型活动形式和基本流程

在幼儿园的工作中，大型活动本身就是教育活动的一个组成部分，因此，园长对大型活动的组织开展，应有一个全面了解和管理的过程。根据各园大型活动的组织开展情况，可以确定开展大型活动基本上包括这样几个部分。

（1）全面讨论确定目标

首先，调研了解幼儿发展的需要和现状，了解家长、社会对幼儿教育，特别是对本园保教工作的希望和要求，在此基础上提出开展大型活动的基本设想，以达到将幼儿园教育活动与家长、社会要求相结合的目的。其次，确立活动总目标、指导思想。并通过向全体教师、家长宣布，使不同部门教师明确此次活动的目标、意义，结合自己部门的特点和需要，展开思考。最后，制订活动方案。根据活动目标，选择活动形式、活动内容、活动场地，确定各环节负责人。

（2）分层研究形成计划

根据全园活动主题，活动目标、意义，指导各部门进行分工，讨论、制订部门活动计划。根据活动的需要提供必要的物质保障。指导教师、家长、幼儿做好活动前的准备工作。

（3）部门协调开展活动

指导、督促业务管理者和各部门落实方案，做到各司其职、各负其责，保证活动的圆满进行。有时，在活动准备的中间环节还要召开一些沟通会、推进会。

（4）及时总结反思到位

总结的目的是为了在今后进一步提高举办大型活动的质量。对活动质量评价的重点，应放在活动过程中儿童、家长、教师、社会的参与程度和参与质量方面，以及该活动对儿童发展的影响，对幼儿园发展建设的影响等方面。

（5）收集资料形成案例

把所有记录活动过程的文字资料、影像资料全部收集，作为大型活动记录资料归整留存，形成园本课程的基础材料。

4. 明确大型活动开展要注意的问题

幼儿园开展的大型活动规模较大，需要全园上下齐心协力，在开展大型活动时，需要避免以下一些问题：一是为活动而活动，不能与幼儿园常规活动相结合。二是重外在效果，忽略幼儿是活动的主体，不能面向全体。三是关注活动本身，不关注幼儿发展。所以，开展大型活动要做到：其一，大型活动要以幼儿为主体，注重儿童参与，让每个幼儿都成为活动的主人。其二，大型活动要与园本课程相结合，融入幼儿园课程，渗透到幼儿园的日常教学中。其三，大型活动与园本特色相结合，宣传和展示幼儿园特色，打造品牌幼儿园。其四，大型活动与全面发展相结合，多通道参与，多渠道提升，切实促进幼儿全面发展。其五，大型活动与时代需要相结合，敏锐把握社会和教育的需求，不断创新活动。

由于大型活动具有广泛性、多样性，所以活动的组织开展不是一件容易的事情，它需要长期的摸索总结。园长要本着求真务实的工作作风，解放思想，更新观念，发挥群体的创造力和能动力，才能把大型活动做好，推动幼儿及园所的健康发展。

下面以三教寺幼儿园建园 60 周年园庆活动为例，看一看园长指导大型活动的具体实施。

 案例之窗

三教寺幼儿园建园 60 周年园庆活动

北京市西城区三教寺幼儿园

三教寺幼儿园于 1955 年 5 月 1 日建园，至今已有 60 年的办园历史。她因坐落在宣南儒、释、道三教寺庙旧址而得名。三教既各自独立，又相互包容并融合，形成了中国文化宗教的一个整体。三教寺幼儿园是一所具有悠久历史和文化积淀的现代化幼儿教育机构，是西城区规模较大，保教质量过硬，社会、家长满意度较高的一所幼儿园。

三教寺幼儿园在长期的教育积淀下，注重传承与发展。多年来幼儿园以"打造和合文化，培养健康的人"为办园宗旨，倡导"和乐、和谐、合力、合作"的管理理念，用和合文化凝聚教师队伍，积极促进园所和谐发展。以"放开手，让孩子尽情探索；伸出手，给孩子引导帮助；拍拍手，为孩子成功喝彩"为教育理念。以"体育特色、生活教育、丰富课程"为办园特色。为幼儿营造信任、平等、尊重的精神环境，为幼儿生动活泼、主动发展提供有效支持。倡导幼儿做"自理自立、自主自信"的幼儿；鼓励教师"做智慧的人，做快乐的人，做善良

的人"。在全面开创"健康育人"园所特色的基础上，为幼儿德、智、体、美全面、健康发展而不懈努力。

2015年，三教寺幼儿园迎来了她的60年华诞，这是西城幼教事业的一件盛事，更是三教寺幼儿园发展史上一个重要里程碑。为了挖掘和利用幼儿园发展历史中积累下来的各种资源，保存和传承优秀的文化遗产，为西城幼教事业的发展做出更加突出的贡献，三教寺幼儿园决定筹办建园60周年园庆活动。

一、指导思想

60周年园庆是我国一项重大庆典活动，本着"隆重、热烈、有序、节俭"的原则，坚持"组织要有序，准备要充分，活动要丰富，宾客要盈门"的方针，通过筹备和举办此项活动，回顾办园历史，总结办园经验，继承优良传统，展示办园成就，扩大幼儿园声誉，密切与校友及社会各界的联系，增强信心，推动幼儿园的全面发展。

园庆活动要发挥各科室、各部门、各班级的作用，上下齐动员，充分展示我园60年的辉煌成就，展示我园师幼良好的精神面貌。园庆活动要广泛调动全体教职工的参与热情。通过园庆，增强幼儿园的凝聚力、向心力和感召力，激励全体师幼员工和广大校友更加热爱幼儿园、关心幼儿园，积极为三教寺幼儿园的全面发展做贡献。

二、园庆活动的筹备与实施

（一）成立园庆筹备工作领导小组

领导小组主要负责园庆活动的具体组织、落实、统筹、协调、外联等工作。筹划和落实幼儿园分配的园庆系列活动任务。

（二）园庆活动阶段划分及时间安排

1. 第一阶段：园庆活动宣传发动阶段（2015年4月）

召开全体教师会议，在全园范围内进行动员，群策群力，共商园庆方案。将园庆喜讯遍告广大教职工，发动全体教职工积极参与筹备工作。

召开筹备会议，商讨筹备事宜，明确分工。

与合作单位北京中和开元教育科技有限公司合作，商讨园庆具体方案。

2. 第二阶段：园庆活动深入筹备阶段（2015年4月—2015年5月）

（1）幼儿园建园60周年回顾展的整理、撰写及制作

60周年回顾展的撰写，能够梳理幼儿园60年来的发展历程，进一步明确幼儿园下一步的发展方向。

（2）幼儿园建园 60 周年专题片的拍摄与制作

制作《纪念三教寺幼儿园建园 60 周年》专题片，全面展示幼儿园风貌、教育理念和教育教学、科研成果。

（3）幼儿园建园 60 周年幼儿美术创意展

幼儿美术创意展本着人人参与的原则，充分发挥幼儿的想象力与创造力，为每个幼儿提供表现的机会与条件，满足幼儿对艺术活动的向往与追求。

（4）幼儿园建园 60 周年园歌创作及颁布

在幼儿园建园 60 周年之际，我们向全园幼儿的家长征集词曲，并组织幼儿及教师学唱园歌，制作园歌纪念光碟，在园庆仪式上颁布园歌，为 60 周年园庆献礼。

（5）幼儿园建园 60 周年幼儿美术作品纪念邮票

向全园幼儿征集作品，甄选出 12 幅有代表性的美术作品，制作成三教寺幼儿园建园 60 周年幼儿美术作品纪念邮票，为我们的园庆添彩。

3. 第三阶段：园庆活动开展实施（2015 年 5 月 29 日）

1. 幼儿园建园 60 周年大舞台庆典活动

邀请各级领导、退休教师、毕业生代表及全园师生欢聚大观园，在领导致辞、文艺表演、园歌颁布、颁发纪念邮票，以及老中青幼四代毕业生的互动中，共同庆祝三教寺幼儿园建园 60 周年。

2. 幼儿园建园 60 周年大观园游园活动

庆典仪式后，全园师生及家长开展了丰富多彩的游园活动：三教寺幼儿园建园 60 周年回顾展、三教寺幼儿园幼儿美术作品展、三教寺幼儿园亲子欢乐秀、宝贝爱心义卖、二维码手印纪念巨幅、小记者采风、欢乐充气城堡、趣味定向活动、美术创意 DIY、穿越封锁线、古装照相、自由毛笔画、幼教专家咨询。

大观园变成了欢乐的海洋，到处洋溢着欢歌笑语，全园的师生和家长为三教寺幼儿园 60 年园庆送出生日祝福，他们为三教寺幼儿园的发展付出了自己辛勤的汗水，同时也让幼儿美好的明天充满了希望。

三、园庆活动感悟

超大型的园庆活动落下帷幕，在这长达两个多月的筹备时间里，全园上下团结协作，密切配合，充分体现了"打造和合文化，培养健康的人"的办园宗旨。在园领导信任、支持、放手、包容的理念下，根据教师的不同特点，分别指定了各项活动的主要负责人并给予他们设计、组织、实施的自主空间。在实施的过程中，他们都获得了思想及精神上的极大满足，老师们的积极性、主动性被充分激发，主人翁意识突出，对于自己负责的工作积极认真，反复核查确保万无一失。在大型活动的锻炼中，不仅成就了孩子们，同时也成就了老师们，让老师们能够最大限度地发挥自己的潜能，增强自信心，充分认识自己的能力和水平，在进步中寻找差距，在总结中不断提升。

在这种理念的引领下，老师们也学会了从欣赏、信任的角度看待同事和孩子，把园所的管理理念转化为班级的管理理念，根据每个孩子的特点和不同需求，为他们提供锻炼发展的平台，提供自己解决问题的机会。相信孩子的潜能，在放手的同时提供精神及物质上的支持，让胆小的孩子变得勇敢，让内向的孩子变得自信，让淘气的孩子更加自律，让聪明的孩子更加智慧。

我想，正是因为有了办园宗旨的正确引领，从园领导到全体教职工都用自身的行为践行着我们的园所文化，本次超大型的活动取得圆满成功，在成就园所的同时也成就了教师和幼儿，成就了未来。

（三）家园工作指导

家庭是人的第一所学校，心理学家埃里克森认为，父母对孩子的态度给儿童以后对社会的态度奠定了基础。"在个性、社会性、智力发展和文化特征方面，父母是孩子的第一个和最重要的环境影响因素"。因此，指导业务管理者和教师做好家园共育工作是保教工作的一个重要部分。园长在家园共育工作中的指导主要包括两方面：一方面是从全园角度的家长学校、家长委员会工作的计划和组织，另一方面是班级家园共育工作的开展。同时，家园共育工作，要坚持平等、互相尊重、互利、互惠、共赢的原则开展，绝不能是幼儿园居高临下的单方面要求，而应是达成共识情况下的共同策划和协商，共同支持幼儿的发展。另外，家长是重要的教育力量，幼儿园要善于利用家长资源，给幼儿提供丰富的课程内容、生动的活动方式，不断丰富幼儿的经验，开拓幼儿思维，使幼儿可以有更多的机会获得多方面经验。

1. 明确家园共育的原则

家园共育工作的开展必须本着彼此信任、平等、尊重和理解的原则，才能共同做好共育幼儿，促进其健康成长的工作。

(1)信任原则

家园共育工作中相互信任非常重要，信任是相互的，幼儿园的教育要取得好的效果必须依赖家庭的支持，幼儿园要信任家长，家长也要信任幼儿园，在相互信任的基础上共育幼儿。当幼儿在幼儿园或者家庭中出现一些问题或意外时，要坦诚相待，主动沟通，避免误会导致信任度降低，幼儿园作为教育机构，要客观分析问题的原因，主动承担应负的责任，发展积极的互动行为，用热情、真情去赢得家长的信任。

(2)平等原则

家园共育的关系要建立在平等之上，家庭的价值观、社会背景、文化观念等是多元的，幼儿园也是各具办园特色、办园风格的，无论是什么样的家庭和幼儿园都是幼儿成长期的教育主体，都是幼儿成长过程中非常依赖的角色，所以都要对幼儿负责。家庭和幼儿园都是幼儿教育的重要力量，对幼儿教育起着主要作用，家庭与幼儿园都是平等的教育者，相互之间没有隶属关系，家长不是配合幼儿园教育的，幼儿园也不要迎合家庭，应彼此尊重形成平等互补的合作关系。在沟通时做到态度平等，语言平等；在共事时要做到方式平等、条件平等；在教育能力方面，充分发挥各自的教育潜能，吸纳优秀的教育理论、教育方法、教育经验。

(3)理解原则

大家都渴望得到理解，但要先学会理解别人，理解是人际关系的"润滑剂"。家庭和幼儿园在共同教育幼儿时要做到彼此相互理解。设身处地地站在对方的角度思考问题、分析问题和解决问题，就会引起对方的积极回应，使对方敞开心扉，容易形成互动的统一。当对方对教育中出现的问题有异议或者不满时，认为是小事情，就简单处理或者置之不理，这样会产生更大的误会。所以要认真对待，了解对方关注幼儿成长的行为，让双方都能真实地观察了解幼儿的需要，加大知情度，关注对方所关注的问题，了解对方所担心的问题，找准共识给予恰当的帮助与指导，逐步形成在理解基础之上的家园共育。

2. 指导建立家园共育的相关制度

制度是做好一切工作的保证，应逐步建立和不断完善幼儿园家园共育的制度，家园共育管理制度必须落到实处，不能流于形式。因此，这一制度应该包括全园各岗位的工作人员，任何一个环节缺失，都不能保证其良好地实行。所以，制度的建立必须包括幼儿、家长、教师、园长、行政人员、保育员、门卫、厨师等各类人员和岗位。比如，信息收集制度，要收集整理所有入园幼儿的信息，包

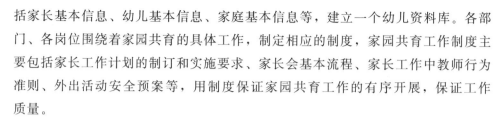

括家长基本信息、幼儿基本信息、家庭基本信息等，建立一个幼儿资料库。各部门、各岗位围绕着家园共育的具体工作，制定相应的制度，家园共育工作制度主要包括家长工作计划的制订和实施要求、家长会基本流程、家长工作中教师行为准则、外出活动安全预案等，用制度保证家园共育工作的有序开展，保证工作质量。

家园共育工作制度主要包括哪些制度？下面，笔者做一个简单的梳理。

（1）计划、总结制度

学年度初，制订工作计划，主要包含共育工作内容和具体措施。学年度末，幼儿园应做好共育工作总结，找出工作重点进行经验交流。

（2）家长会制度

每个学年度幼儿园召开新生家长会，各班召开不同形式的家长会，学期初、学期中、学期末都可以根据需要随时召开家长会，特别当幼儿园有重要工作需要家长配合时应及时召开，让家长充分发表建议，做好工作。

（3）家长学校制度

每学年度根据家长需要和学前教育发展需要，开办两次家长学校活动，主要宣传先进的教育理念，请专家讲授育儿经验。

（4）家园互动研讨会制度

围绕着家园共育的热点话题、社会中的焦点、幼儿发展中的典型行为、家长育儿过程中的困惑等，每学年度开展两次家园互动式研讨活动。

（5）家园共育专栏制度

各班级每月更换一次专栏，内容为先进教育理念的宣传，体现家园之间的沟通、互动，展示幼儿园教科研成果，幼儿的成长进步。

（6）亲子游戏活动制度

每学年度幼儿园召开全园或年级组的亲子运动会、亲子游戏大会、家家乐节日聚会等活动，增进亲情，增进家园之间的相互了解，使家园更好地合作。

（7）家长委员会制度

每学年度由各班自荐和推荐 3～5 名家长为幼儿园和班级家长委员会成员，共同商议园所、班级事物及保教工作，伙食管理、收费监督等各项事务，每学年度召开 1～2 次家长委员会会议。

（8）家园共育工作评价制度

每学年发放问卷，对家长对幼儿园及班级工作的满意程度进行调查，并对调查结果进行分析，作为工作改进的依据。

幼儿园可以根据家园共育工作的内容制订相关制度，制度建设需要根据工作的内容变化随时进行修改，增加制订新的制度，不断完善制度，使制度为保证共育质量服务，为保证工作的开展及实现幼儿全面成长的目标服务。

3. 熟悉园长指导家园工作的主要内容

业务管理者在"家园共育"中的具体工作主要有整体规划、培训和指导教师、开展家长工作三大项内容。

（1）整体规划家园共育工作并对各班级计划进行指导

有效开展家园共育工作的前提是，业务管理者要同园长一样重视家园共育工作，协助园长将幼儿园整体规划中的家园共育工作在实践中落实，作为日常保教管理工作的一部分，与幼儿园方方面面的工作整合起来，系统地设计工作的开展思路。每学期都要自上而下地制订专项家长工作计划，然后再自下而上地进行修改调整，形成园所学期家长工作的专项计划。

整体制订家园共育的方案，综合考虑幼儿发展需求、园所的活动安排、家庭的教育作用，针对幼儿发展的不同时期和班级的活动主题，确定相应的家园共育内容，选择最适宜的家园共育方式，各班组依据园所家长工作重点，制订年级组、班级具体的活动内容，最终将园所、班级、教师三者的思想和工作重点建立在统一的认识上，通过班组具体开展的家长工作实现园所家园共育理念。

此外，家园共育的规划还要具备一定的灵活性，针对教育过程中可能随机出现的情况或者一些具有个性化特点的问题，家园共育工作应该灵活开展，要做到将"变化"也要做到"计划"中，确保家园共育工作切实有效地为幼儿的发展服务。

作为业务管理者，制订计划之后的管理至关重要。依据"戴明环管理"的理念，在管理过程中需要注意以下几点。

第一，强调计划的可实施性。因为家长经验、阅历、想法不同，在理解家园工作意义和园所专项家园工作计划，落实家园共育理念过程中会出现不同的水平，也意味着班组家长工作计划中会存在一些偏差。例如，有的班级计划中的活动想法很好，但是不好实现，有的活动不但不能帮助家长获得正确的育儿观念，还很可能造成错误的认识，等等。这就需要业务管理者在计划制订初期关注每一个班组制订的家长工作计划，共同研究，调整成为适宜的计划。

第二，把握计划与变化的关系。在计划落实过程中，可能产生一些变化。作为业务管理者，尤其需要注意发生变化的内容，和班组长一起就计划改变的原因进行分析。改变是源于教师在家园工作过程中发现了更需要关注的新问题，还是因为工作没有安排好造成了计划没有实施？或者是由于教师工作责任心的问题？只有明确了计划发生改变的原因，才能进行下一步的指导。如果是适宜的计划调整，管理者应予以支持，并和班组长进一步研究如何深入开展；如果是不适宜的改变，管理者则需要通过讨论、引导的方法帮助教师认识到家园工作的重要性，树立教师的责任心，高度重视家园工作的开展。

第三，关注计划实施效果的跟进。无论是制订计划还是实施计划，我们最终的目的是形成最好的家园合力。因此，关注计划落实效果是家园专项工作的一个重要环节。可以采用家长工作调查问卷、家长访谈等方式了解园所、班组在开展家园共育之后，带给家长在观念、行为上的改变，了解家长对园所、班组家园工作的意见和建议。而这些反馈都将成为园所、班组改进家园工作的依据和出发点。

（2）教师的培训

家园共育工作中教师需要具备的素质主要有三方面：首先是待人接物的礼仪，这里包含了教师的仪容仪表和沟通的技巧，能够有效地和别人沟通是家园共育工作开展的重要基础，因此教师的沟通能力是比较基础的素质。其次是正确的教育观，这里面包括广义的教育理念，同时教师也要了解家庭教育观念的一些特点。教师有正确的教育观念才能有效地引领家庭带给幼儿更加科学的教育。此外，了解家庭教育的观念，并且能够将家庭教育观念与大教育观有机融合，帮助家长树立正确教育观念，与幼儿园的教育目标达成一致，是有效开展家园共育的关键。最后，是教师的专业素养，教师需要了解各年龄段幼儿的发展水平和特点，并且了解本班幼儿的发展特点和兴趣需要。要帮助家长提升家庭教育的质量，教师自己首先应该具备一定的专业性，用科学的视角和科学的认识影响家长，共同寻找科学育儿的方法，使家园共育能够向着正确的方向前进。在这里也要让教师认识到，家长的观念不都是落后的，有些家长的认识可能比教师还先进，教师要注意倾听家长的意见、建议，不能总是居高临下。比如《孩子，你慢慢来》一书展现出的教育观念，龙应台的教育能力不比教师弱。教师也要意识到，家长之间也可以互相学习。

对于这三方面能力的培养，幼儿园需要通过开展相应的学习、教研活动来实现。例如，可以在开学初的科研年会中增加教师礼仪板块，拓宽教师学习视角，从生活入手提升教师的修养和交往能力。再如，在日常学习中借助培训活动，引导教师深入理解正确的理念，利用专业知识科学地分析幼儿情况，以研究的思路开展工作，不断提升自身的专业素质，等等。

（3）家长工作的开展与指导

家园共育工作需要家园双方的紧密配合，家长对于工作的想法和建议应该得到园所的重视。让家长参与到家园共育的管理中来，不仅能够丰富家园共育工作的视角，让工作更加严谨，另一方面还能有效地调动家长参与的积极性，有效地推动家园共育工作的开展。幼儿园可以成立家委会，每学期幼儿园组织1～2次家委会的工作会议。首先向家委会成员宣读工作制度、职责，汇报上学期家委会的工作情况，其次介绍下学期家委会的工作计划，再次请家委会成员针对计划提出意见和建议，最后家委会成员根据自身情况自愿为幼儿园建设承担职责和任务。例如，幼儿园组织家委会讨论托费标准问题，家委会经过认真商讨，制定出科学合理的收费标准，在执行新的收费标准时，全园家长都欣然接受。再如，每学期初，对家长进行问卷调查，如"新学期，您期盼孩子在幼儿园收获什么"，通过归纳总结，幼儿园了解到大部分家长希望孩子有健康的体魄。针对问卷结果，我们在春天组织了"小班滚球比赛""中班夹球跳比赛""大班拍球比赛"，还召开了幼儿秋季运动会。如上所述，家长参与能够支持园所完善家园共育工作的管理，让家园的联系更加紧密，合作更有成效。下面以一则案例说明园长如何指导开展家长工作。

 案例之窗

洁民幼儿园家园共育实施方案

北京市西城区洁民幼儿园　张雪红

《幼儿园教育指导纲要（试行）》指出："家庭是幼儿园重要的合作伙伴。应本着尊重、平等、合作的原则，争取家长的理解、支持和主动参与，并积极支持、帮助家长提高教育能力。"而我园在建园初始就强调"启蒙养育幼儿，蒙养家教合一"，这点也是与《纲要》要求相吻合的。但如何做好家园共育工作，作为园长，我清楚意识到关键是对家园共育理念层层清晰，层层落实。首先是使保教干部也意识到问题存在，并给予恰当的引导和提示。当我发现园内家园共育工作存在教师、家长地位不对等的问题时，我没有直接将问题抛出，而是通过与中层干部一同深入解读"家园共育"，明晰问题。一个"共"字，将家园两者做了同等地位的定位，双方都是教育的主体。再对照实际工作，干部们很快发现我们偏离了家园共育的核心追求，在实际工作中，教师会不自觉地充当指挥者，向家长灌输知识理念，要求家长配合幼儿园工作，而家长也很自然地安于从属的地位，这样就使得家园共育的时效性降低。通过系统分析家园共育的现状、具体问题，我们进行了有针对性地研究与指导，逐步建构了"双主体家园共育模式"，即把家长视为家园共育的主人，充分发挥家长的主观能动性及创造潜能，教师作为家园共育另一主体，在与家长有效互动的过程中，加速家长专业化成长进程，最大限度地发挥家园共育的作用。

一、营造一种文化——家长是幼儿园管理的参与者

"以人为本，科学育人"是洁民幼儿园的办园理念。这里的"人"不仅包括幼儿、教师，也包括家长。我们希望家长理解我们的教育理念，并在教育幼儿上达成共识，强调幼儿园是一个大家庭，每一名家长也是幼儿园的主人，每一个人都有责任和义务参与各项决策。多年来，我园非常重视将家长纳入幼儿园管理体系，让他们参与幼儿园建设。我与教学园长、主任、家园共育小组负责人一起策划、主持每一次全园家长会及家长委员会，营造"家长也是幼儿园管理参与者"的文化氛围，使其发挥重要作用。

在家长委员会上，我们通过丰富的活动共同学习，共同提高，并肩携手共促发展。我除了与家长交流幼儿园每学期重点工作、大项开支外，还坚持开展"两个一"活动。第一是组织一个互动活动。每次园级家委会前，我都会与业务园长、保教干部共同策划互动内容，通过亲身体验、交流感受，分享育儿经验和自然化教育理念。例如，我们要求每位家长用几张纸巾进行创意活动，只提出要求用纸巾为主材，还可以借助一些辅材开展制作，并没有出示早已准备好的范例。经过15分钟，无论是年龄大的老人还是年轻的父母，创作的作品都令人惊叹。通过这样的活动家长感悟到，孩子的学习与生活紧密相连，他们会用生活中的原有经验去创新。当孩子不需要帮助时，成人需要给孩子一点空间，孩子也许就会还给我们一个惊喜，而且生活中任何东西都是孩子学习的材料。第二则是提一点建议，将更多家长的意见带到园里，吸纳合理化建议，改进幼儿园各项工作。例如，幼儿伙食一直是家长最关心的问题之一，我们接受家长的意见后，为园内添置了幼儿食品展示柜，一日三餐每天实物呈现，食堂师傅、医务室大夫通过幼儿园宣传橱窗定期向家长介绍饭菜的营养搭配、烹调小窍门，我们还邀请家长参与"美食品鉴会"，现场品尝幼儿的主食和创新的菜肴，受到家长一致好评。

我们开展家教征文活动，向家长征集育儿经验，利用宣传栏进行展出，促进家长间的相互学习，同时将好的文章推荐到报纸杂志发表。每学年两次发放家长调查问卷，了解家长对幼儿园各方面工作的意见和建议。

家长是我们重要的教育资源，家长中有各方面的人才，可以对幼儿园的发展起到积极的促进作用。洁民幼儿园的园标和园歌，均由家长和幼儿共同参与创作，全园性征集形成。家长们踊跃参与投稿，参与投票、讨论、修改工作，综合大家的意见和集体的智慧，确立了最终方案，不仅迎来了成功的喜悦，更增添了爱的归属。

由于思想上达成了共识，家长委员们也热情发挥自己的作用，协助幼儿园开展各项工作。例如，在治安紧张时期、早晚高峰站岗等，都会有家长们的身影。他们积极参与幼儿园大型活动，春游、秋游、社区艺术节、德胜体育节等活动中，家长成为组织者、指导者和表演者，与老师们形成教育合力，我们也在活动中将正确的育儿理念传达给家长。

二、形成一种特色——家长是课程建构的合作者

"十二五"期间，依托我园自然化教育课程理念，通过主题式的研究与实践，我们尝试将自然化教育理念融入家园共育工作领域，在家长客观、全面地了解并自然地接受幼儿园教育理念的基础上，引导家长转变角色，帮助、指导家长构建自然化的家庭教育，使家长由配合的被动状态转为家园合作的共育状态，实现了合力同心支持幼儿发展的新局面。在课题"借助自然化教育课程理念，探索以家长和教师为双主体的家园共育实践研究"中，我与老师们共同实践，以大型活动为抓手，通过利用家长资源，使家长参与大型活动设计和实施全过程。引导家长学习《指南》，通过开放教研现场与家长共同观察和研究幼儿学习、聆听专家指导、制订家园共育细则方案等方式，向家长渗透科学育儿的教育理念，变单边配合为双边互动，使家长对现代教育理念及园本课程理念与价值都有了比较深入的认识。家长成为我园课程建构的合作伙伴，尝试在尊重幼儿天性的基础上对幼儿进行自然化教育，收到了较好的效果。

在与业务园长转班中，我们发现大班开展的"假日淘宝展"活动，深受幼儿和家长的关注与喜爱，这里不是一个简单呈现展品的地方，而是一个属于幼儿的特殊学习环境，是为幼儿的收藏提供交流、分享的场所，我们应该鼓励幼儿的收藏行为，将孩子们关注、探索生活的潜在可能转化为现实。同时也为家长参与自然化教育课程、提高家长的育儿水平提供了途径。在与大班老师的互动引导中，老师不仅为自己抓住幼儿兴趣需求开展了深受幼儿、家长喜爱的活动而感到自豪，更有了进一步挖掘活动价值的愿望。后来，由大班幼儿和家长发起了活动倡议，他们创建了幼儿园的"玩具博物馆""自然物博物馆"，博物馆活动成为全园性活动，牵动着每一位家长和幼儿的心。在每期不同的主题中，每个人既是享受者，更是设计者和维护者，博物馆里大到展示什么内容，小到每样玩具放在哪个位置，每张卡片画什么，均是孩子们和家长自己观察发现、制作完成的。我们看到了家长和幼儿一起观察生活、快乐收集、精心设计、共同制作的其乐融融的场面。渐渐地，我园的教育思想已经潜移默化地渗透给家长，他们成为自然化课程建构的合作伙伴、课程的优质资源，我想这正是"自然化教育理念"的落实。

在大型活动中，家长的深层参与与合作是我们的研究重点。教师们从活动的前期便接纳家长参与活动策划，大家共同站在孩子的角度去思考活动的意义和价值，逐步完善活动方案。在活动准备方面则注重发挥家长的主动性，将家长推向和教师相同的主体地位上。活动临近时又组织小型沟通，在对孩子的观察和引导策略上给家长有针对性的指导，通过不断地互动和沟通，最终达成一致的教育思想和教育方式方法，为在活动中的合作教育做好了铺垫。

通过日常的大量工作，在活动中家长能够以陪伴者和教育者的双重身份，从行动到思想全程参与孩子的游戏，他们能本着自然化教育的初衷，让孩子们自由自主地选择：交换玩具时，他们不看重结果，而是关注孩子在过程中获得了哪些有益的成长经验；在关注自己的孩子的同时，也能关注其他的幼儿，更能有目的地引领孩子帮助、关心有困难的同伴。"六艺"活动中，我们将幼儿和家长制作的手工作品进行展示和拍卖，再将钱款捐助给社区里的贫困家庭，整个过程都有家长委员策划、参与，他们作为工作人员，与老师一起认真负责，不辞辛苦，教育幼儿从小心中有他人，在享受快乐的同时懂得爱、学会爱。

通过与家长共同建构课程并实施，家长懂得了如何顺应孩子的天性，如何尊重孩子的选择，满足孩子的需求。参与中，他们的目的性更加明确，对幼儿的引导技巧更加娴熟，可以说是意识的转变促成了行为的巨大变化。

三、提高一种能力——家长是科学育儿的实施者

为了更好满足家长了解先进的教育理念，提升育儿智慧的需求，一方面我们立足班级，通过家访、家长会、家园专栏、家长开放日、相约星期天、校讯通、园报等多种渠道开展家园共育工作；另一方面，我园定期召开家长学校，以讲座、座谈等方式，就家长关心的话题进行探讨。例如，邀请卫生保健专家为家长举办专题讲座和交流活动，邀请小学的教学主任来到园里给中班、大班的家长介绍如何做好幼儿的入学准备等。这些专题讲座深受家长认可，已经成

为我园家园共育的特色活动，有效促进了家园在教育理念和行为上的一致，提升了家长科学育儿的水平。

我想要使家园共育工作常态化，家长真正成为幼儿园主人，参与课程建构，实施科学育儿，还需要有严谨的制度来落实工作，这既是一种保障，更是一种指导。于是，我与保教干部共同汇总大家的意见，再根据我们对制度的理解和借鉴其他的制度形式，共同研究制定出洁民幼儿园家园共育工作制度，并通过不断实践和调整，逐渐完善成为科学规范的具有洁民幼儿园自然化特色的家园共育工作细则。

制度与细则为落实家园共育理念，保障家园共育工作质量，起到支持和指导作用，更加体现出家园工作的全园参与、工作的常态化与细量化。家长走进幼儿园教研活动，通过现场观看幼儿游戏视频，分享交流感受，引导家长关注幼儿自主游戏及游戏中的学习价值，提升了家长的教育观念，不仅让家长更加珍视孩子的自发游戏，更习得观察是了解、引领孩子最好的、最重要的方式，并掌握了观察的具体方法，发现了每个孩子独特的品质。针对教育部下达的"学前教育宣传月活动"的通知，我园认真领会精神，制订出了引导家长走近《指南》活动计划。我们通过校讯通平台，由办公室向全园家长发出学《指南》的倡议；再通过各班级邮箱，将《指南》全文介绍给家长，请家长自行阅读、了解；召开园级家长委员会会议，组织家长委员进行学习交流，并梳理出学习《指南》的体会。通过开展幼儿园大型活动，引领家长在参与活动中感受教育的理念；再以班为单位，确定一个主题，引导家长进行学习《指南》的交流互动，并开展了"倾听孩子，共同成长"的征文活动。通过一个月的学习与研讨，使家长对《指南》所传递的教育理念有了认同，并能尝试作用于家庭教育实践中。

几年来，通过一系列家园共育工作指导，明显感受到家长对幼儿园自然化教育理念、科学育儿方法、幼儿学习行为特点等有了全面了解，教育能力得到了提高，对幼儿园工作满意率明显提高。我认为家园共育工作不是一朝一夕的事情，现在我园的家长已经意识到自己也是幼儿园的主人、教育的主体，是家园共育的实施者。在今后的工作中，我们会继续与家长一起，不断观察幼儿，反思自己，组织家长参与多样化活动，促进家庭教育的专业化成长。

（四）重视教科研对教师专业发展的引领

教科研工作是促进教师专业发展，提高保教工作质量的助推器，它同时对幼儿园学习型组织建设，形成幼儿园办园特色也有助推作用。园长首先要深刻认识教科研在幼儿园保教工作中的重要地位，给园内教科研工作开展提供充足的时间、宽松的空间，支持业务管理者开展好教科研工作。其次要了解教科研与其他保教工作的关系，同时还要了解教科研如何开展才能够提高保教工作质量。只有将关系拎清、捋顺，才更有助于保教工作整体管理。最后，园长对教科研工作的指导内容主要有：教科研选题是否来源于教师的困惑、教学实践中的真问题，教科研计划的制订，教研活动创造性地开展，以及教科研成果的积累和转化。教科研指导的重点和目的在于教科研能否真正解决一线教师的实际问题，达到促进幼儿发展，提高工作质量的目的。因本套丛书另有关于教科研的一册，故这里只对园长要参与的上述内容做简要介绍。

1. 教科研问题的选择

教科研问题的选择是教科研的开展能否激发教师参与、学习、研究兴趣，能否解决影响教育质量的关键问题，让教科研真正促进教师专业发展，带来保教质量提高，使教研有实效的关键一步。所以园长如果能够在选题方面与业务管理者一起分析研究，进行指导，会使幼儿园很快找到、找准研究方向和目标。园长指导业务管理者在教科研问题的选择上可以参考以下一些做法。

（1）多种途径和方法收集问题

园长引导业务管理者既可通过调研问卷、访谈、非正式交流等方式自下而上收集问题，也可以依据国家对教育的新要求通过评价、总结、日常进班观察、文本批阅等方式发现保教实践中出现的问题，以这样自上而下的方式收集问题。问题收集过程中要尽量保证其真实性。

（2）问题的分类、分析与筛选

日常保教实践中常会发现很多问题，不同层次教师的专业需求和困惑也不同。那么哪些问题是影响幼儿园质量提高的真问题？哪些问题需要通过教研、科研方式去解决，哪些问题通过培训和其他方式解决？这些都需要园长引导业务管理者将收集到的问题进行分类筛选，对问题进行归因分析，找到本质问题即真问题，围绕真问题制订教科研计划，开展教科研研究。例如，教师主导作用总是不自觉地发挥在幼儿主体作用之前，表面上看是不给幼儿自主学习的空间，就是怎样说让教师放手也难以真正给幼儿充足的自主探索、思考和解决问题的空间，实质上是因为教师不相信孩子能行。因此，不解决教师的儿童观问题是难以让教师从教育行为上转变的。不相信幼儿就是教师总是不能给幼儿充足的时间、空间问题的本质，其中教研是解决教师实践中问题的最主要、最可行的方式。

2. 教科研指导的内容

(1)指导学期教科研计划的制订

教科研计划代表的是幼儿园研究的基本思路。园长对教科研计划制订的指导主要是指对全园一个学期的教科研计划制订的指导，在指导过程中园长要了解教科研计划制订的基本流程和要求。教科研计划包括：优势和问题(要高度概括，问题的查找要具体，不宜太宏观，同时要反应本质问题)、目标(依据查找的问题确定研究的落脚点，目标要具体可落实)、重点工作(主要解决的问题)、具体安排(一般以每两周一次的频率安排活动)。教科研计划主要注意的是要把握好两个关系，即本学期计划与上、下学期之间的关系，本学期计划各部分之间的关系，把握好这两个关系，会有助于幼儿园的教科研研究具有连续性、发展性和实效性。

(2)对教研活动过程的指导

对教研活动过程的指导，包括与教研管理者共享教研的过程，不定期参与教科研活动，聆听教科研的过程，等等。这里的指导，既有对教科研管理者的指导，也有园长在实际参与教科研工作中，对教师的直接指导。

3. 对教科研效果的指导

有一句话说得好：我听过了就忘记了，我看过了就记住了，我做过了就理解了。教师经过教研，可能从理念上知道了很多，甚至说得也头头是道，但不代表他们就真正理解并能够转化为行动，而且教师的专业成长也不是一蹴而就的。所以园长一定要督促业务管理者加强教研后的跟进观察，了解教师调整和改进了多少，还有没有困惑；若有困惑，还要继续研究查找原因，继续教研，解决教师的问题，最终转变教师的观念和行为。当然，如果园长能够抽出时间跟进一两个教师，了解教研成果的转化更好。另外，教研成果的转化也可以通过一些教研制度的建立，帮助教师将研究共识变成一种常态的研究行为，使研究、学习、实践融为一体，不断提高教师的专业化水平。同时，园长要给教师搭建分享交流自己研究成果的平台，让教师的个人知识经验得到共享，这样既增强了教师自我价值实现的成就感，增强了事业心，又可以营造一种浓厚的相互学习的氛围，让更多的教师获益。

（五）文库的抽查与指导

园长对文本资料的指导主要是两个层面：一个是从计划管理角度对业务管理者制订的全园性保教计划、教研计划、管理笔记等文本的指导。通过批阅，思考了解业务管理者的思路和措施能否实现幼儿园的办园理念和方向，其内容和措施是否有利于工作落实等。另外，通过批阅还要了解业务管理者在业务管理过程中的优势和不足，困惑和困难，以进行及时有效沟通，给业务管理以行政支持，保证保教工作顺利有效开展。另一个指导是，园长应不定时地抽取一部分教师的教学计划和观察笔记阅读。通过这些材料了解一线教师在落实全园保教工作计划过程中的实际情况，了解教师在工作中的情感态度，了解教师的专业思考和能力，以不断反思管理和队伍培养效果，随时调整管理方式方法，以保证保教工作质量。关于对业务管理方面的文本指导在前面保教计划指导中已经重点讲述，这里更多的是指对一线教师的文本抽查与指导。

园长对文本材料的批阅，同样需要园长进班指导所要具备的专业知识，策略也可参照进班指导策略。文本内容是用文字书写的教师的思路、观察或者反思，没有更多、更丰富的背景支撑，所以园长要完全依靠教师的文字和语言去了解，因此会给判断带来难度，而且文本批阅更多是园长与教师个别化的交流，是教师非常重视的内容。因此在批阅时可以采用以下一些策略：拿放大镜看优点，拿显微镜看不足，重在鼓励，也要点出不足，特别是师德方面的不足；对于看不明白或者难以把握的地方可以采用边问边评的方式，引导教师将自己的思路陈述清晰。个别时候需要当面交流了解情况。

园长批阅教师计划基本上要把握几点：一是规范性。是否按照幼儿园的保教制度要求进行书写，没有按规去写，要了解原因是什么，再做结论或反馈。二是理念的先进性。学习和教研后的观念能否通过计划反映出来，文本中是否有对理念的把握、差异的重视、对幼儿学习品质与学习的关注。三是活动设计的把握。教师活动生成和在一周活动中的思考是否兼顾，活动目标设计、内容选择是否建立在分析幼儿学情基础上，过程是否有利于重点学习、难点突破。是否是层层递进、由浅入深、动静交替，等等。四是活动与当日前后活动、班级其他活动（比如区域游戏、生活、户外）之间的关系，等等。

园长批阅教师观察记录和反思笔记基本要把握以下几点：一是真实性。教师观察写作的是否是本班幼儿，避免抄袭。二是客观性。是否客观地描述了幼儿在班级活动中的语言行为，而不是掺杂了教师主观臆断。三是价值感。教师观察描述的现象是否反映了幼儿的想法，幼儿的探索、幼儿的发现等是有价值和意义的事情；是否是带有研究和思考的内容，或者说是否有利于对幼儿特点、学习方式、特点规律的了解，有助于提高教师专业水平，而不是简单地流水账般描述幼儿的常规行为。四是深刻性。教师的反思是否到位。能够抓住自己所要反思的关键问题进行深入思考、学习、分析，找出本质原因，有利于教师的改进。另外，在批阅观察笔记时仍然要带着欣赏的眼光、研讨的心态，以保护教师写作和研究的积极性，促其不断改进提高。

二、园长指导保教工作有效实施的原则

(一)深入但不干扰

保教工作管理主要由业务管理干部实施，园长的作用是引领、指导。因此园长要本着信任、尊重和疑人不用、用人不疑的原则，大胆放手，放权给业务管理者，让他们发挥自己的主观能动性进行管理实践和研究。园长要深入实践，但在不违反法律法规和教育原则的前提下，园长要尽量少干扰业务管理者的管理。要多听多看，少主观臆断；多沟通多研讨，少指责埋怨；多引导，多言传身教，少指手画脚。这样，业务管理者就敢于创造性地独立开展保教管理，心甘情愿地接受园长指导，从而使保教工作质量得到不断提升。

(二)引领但不束缚

园长作为一园之首，有其权力所带来的权威感，容易使部下盲目服从而不敢发表自己的看法。因此，在指导保教工作时，园长要尽量营造一种民主、平等的学习研讨氛围，学会让干部、教师敢想敢说，在百家争鸣的基础上发挥自己的专业引领作用。这样会避免以自己的想法代替或者束缚干部的想法，避免使好的想法和做法难以得到呈现或不被理解，这样会扼杀干部的创造意识和能力，让管理失去活力。

案例之窗

> **察一察，听一听，议一议**
>
> 北京市东城区大方家回民幼儿园　宋晶晶
>
> 保教主任作为园所保教工作的主管，关系着园所保教工作的水平，直接影响着幼儿园的教育质量。如何让保教管理者在管理中富有成就感，让老师的教育工作有滋有味，我在管理中改变了以往布置任务式的管理方式，以"进班察，听她说，大家议"的策略对业务干部管理进行探索尝试。

一、察现象

各班的实习生进班实习已经三个月了，实习进展到什么程度了，达到什么效果了呢？我分别走进三个分部的班级进行了连续观察，发现实习生在半日活动中在不停地做事，一会儿打扫卫生，一会儿帮老师制作玩教具，一会儿帮老师带幼儿户外活动，一会儿帮保育员护理幼儿进餐，等等，完全一个"救火队员"。针对此事，我与班长进行了交流，班长说她们每周有实习的重点内容，那么实习生在一天工作中怎么来安排她实习的重点工作呢？怎么整合她的重点工作和班级其他工作呢？针对这一问题我想听一听保教主任的说法。

二、听说法

我把问题抛给各班主任——"你们进班看到实习生工作状况是什么样的？班长是怎么指导实习生的？"

说法一：我们进班看，实习生这一段实习挺好的，干活勤快，工作态度好。

说法二：我们分园的实习生工作有积极性，踏实，让做什么就做什么，干活挺快，但没有工作经验。

说法三：我们本部的实习生跟着班长，班长指导她们工作，干了不少活儿，她们大多数认真，踏实。

听了她们对实习生的不同说法，我发现了业务干部在指导班长带实习生过程中的问题：注重实习生工作的态度，忽略了实习生的专业成长问题和班长指导实习生的工作思路问题。

三、议妙招

针对实习生实习问题，又一次"小型会诊议妙招"开始了，针对"怎样有实效性地促进实习生的业务成长"问题，集思广益，大家出妙招。

在你一言我一语的无障碍沟通交流中，我们梳理出了带实习生的方案和妙招：

一是结合实习生个人自身优势和个性特点，制订个性化实习方案。

二是班长明确带实习生工作思路及每周指导工作重点。

三是每天20分钟实习生反思，班长反馈。

四是每周班长对实习生进行评议，给实习生提出改进调整的意见。

通过对实习生实习这一问题的管理，"察现象，听说法，议妙招"这一策略引导业务干部进班看现象发现本质性、有深度的问题，再通过大家帮着出主意，想办法，问题迎刃而解。这一过程，不仅是大家集思广益从而达到事半功倍的效果，更为重要的是，业务干部学会从观察到的某一现象发现其中的深层问题，在反思中想出应对的策略，调整管理的思路，在实践中再调整，再实践，在教师的变化中体验到了管理的成就感，收获了管理的经验，教师也获得了成长。

（三）亲眼见切忌笼统说

实践是检验真理的唯一标准。园长无论通过什么途径和渠道发现保教管理出现问题时，也都要用实践中亲眼所见的事实有依据地与业务管理者对话，不能道听途说，捕风捉影，避免以讹传讹带来对管理认识的偏差，影响问题的真实呈现和进一步的协商改进。

例如，保健医反应，某班在执行保健卫生制度时总是拖泥带水，不能严格执行：如幼儿喝水总是自己倒，这样水壶的消毒就是问题；进餐时，教师让幼儿自己取，想吃多少拿多少，幼儿的食品摄入量难以保障。园长听说后，不能因此判断班级教师不遵守幼儿园制度，而是一定要深入一线了解事情的来龙去脉和原因是什么。在深入一线后，园长发现，不是班级教师不知道卫生保健制度如何执行，也不是不愿意执行，而是教师想在培养幼儿主动性方面做些尝试，觉得一些保健卫生制度与培养幼儿的主动性和独立生活能力产生了冲突，于是想与保健医商量一个两全之计，能够尽量满足幼儿的需要，又能保证保健制度执行。但是保健医认为，幼儿的生命安全为第一位，所以应该严格执行卫生保健制度，不能灵活处理，于是教师比较为难。园长了解到这样的情况后，发现这个困惑在别的班也存在，只不过他们屈从于保健制度的压力而放弃了自己的想法，但心里还有疑惑。于是，园长建议开展一次教研活动，让大家充分讨论如何做到既能保证幼儿身心健康又能促进幼儿主动学习和发展。教研过程中大家从保护幼儿身体健康和发挥幼儿主动性两个角度进行讨论，逐渐统一了认识，最后决定：为了培养幼儿的主动性，一是采购方便消毒的，既耐高温又不易碎的水壶，二是全面观察每名幼儿的就餐情况，了解每名幼儿的食量，保证幼儿的营养获取。通过开展教研活动，困扰教师和保健医的问题得到了有效解决，幼儿的身体健康和自主学习的培养都得到了有效保障。

（四）情感激励

每个人都有价值实现的需要，每个人都需要鼓励、接纳和宽容，园长对自己的员工做出的成绩给予充分的鼓励和表扬最能激励士气。所以园长在指导保教工作中，要学会运用情感激励的手段，多鼓励业务管理者，对他们做出的成绩、想到的点子给予充分的鼓励和表扬，建立良好的相互信任、尊重的关系。即使发现管理中的问题，也要在充分肯定其努力的基础上再指出问题，这样会让业务管理者感到被理解、被尊重，而又不失自信，从而愿意改进，并努力把工作做好。

（五）管理一致

管理者管理的一致、协调和统一是幼儿园管理中特别需要注意的问题。这里的一致应是价值观的一致，以及管理要求、制度落实等方面管理的一致。因为这些问题涉及如何给基层教师进行指导，教师如何在实践中根据指导改进观念和行为。特别容易出现的问题是，园长和保教管理者分别进班，同样一个问题对班级和教师的指导方向明显不一致，使教师不知道听谁的，有的教师可能会只听园长的，不听业务园长的，不仅使业务园长威信受到影响，也难以使保教管理有实效。

例如，有的园长自身学习提高不够，新的理念和思想接受得少，做不到理念的更新，却在进班指导过程中对教师支持幼儿主动学习、给幼儿探索空间的做法观察不够，不理解，而只一味强调常规培养，要求教师改变方式，使业务管理者辛辛苦苦的指导付诸东流，教师的观念、行为出现矛盾和倒退。这些问题是园长的指导与保教管理者观念和管理不能达到一致的典型表现，这种错误的指导方式会造成教师思想和行为的混乱，给质量提高带来负面影响。

应该说，幼儿园保教管理确实是一项专业性很强的工作，特别需要管理者有专业水平，所以园长一方面要与时俱进注重不断学习吸收新的教育理念，也要随时与保教管理者多沟通思想，互相学习，共同提高，达成管理的共识。"火车跑得快全靠车头带"，园长的指导和保教管理的一致才会更好地带着幼儿园这列火车跑得稳，跑得快。

 园长手记

"教研提纲"追问记

北京市东城区大方家回民幼儿园　蔡秀萍

教研活动是幼儿园日常教育的先导，是提高幼儿园保教质量、教师专业水平的关键所在，因此在教研活动中业务干部的引领就显得尤为重要，而这也是提升业务干部专业指导能力的一条有效途径。为了保证每次教研活动的有效性，我们

要求业务干部在组织教研活动前一周确定相应的教研活动提纲，包括研究内容、活动流程、相关链接等几个方面，这样能让干部、教师对教研活动了解在前、学习在先，以便更充分地投入教研活动中去。今天又是业务干部和我一起研讨教研提纲的日子，教研主任兴高采烈地来到办公室，出示了第一份教研提纲，并告诉我这次主要针对"自然角游戏中的观察记录"来研讨，因为科学活动的记录是十分重要的，它可以让孩子学习如何以科学的态度去完成自然角中的各项工作。看着她自信满满的样子，我及时给予肯定"提纲制定得不错，问题清楚明了，过程设计也紧紧围绕问题，有视频，有问题讨论、问题梳理，力求让老师明白如何去支持孩子的游戏，很好！"同时，我也向她提出问题："为什么要选择'观察分析幼儿在自然角的活动，预设支持幼儿探究学习的策略'作为本周的研讨题目呢？"主任说："因为在进班时我发现老师不会观察幼儿，有部分年轻教师根本不知道看什么？怎么看？"我说："那你说说，教师在自然角应该看什么？怎么看？"主任想了想说："看孩子在游戏中的表现，说了什么，干了什么。"我说："还有吗？"主任说："孩子对什么有兴趣，材料合适不合适……"我说："这是你想到的，有可能老师也会想到这些，那么现在的国内外研究，在观察幼儿方面还有哪些信息呢？"主任不好意思地说："我没有查阅这方面的资料。"我说："好，这个可以去查，做到心中有数，才能更好地引领教师进行讨论。再问个问题，如果教师们讨论不出个所以然来，你都可以用什么方法引导？你预测一下，教师在讨论时大概会出现几种情况？你要如何应对？"主任："我明白了，您容我再回去想一想吧！"

教研活动前，当我们再次就教研活动的设计进行讨论时，主任手里的提纲由一张纸变成了一个本，里面密密麻麻地记录了干部前期学习的心得，以及教师在教研环节中可能出现的问题和相应的引导策略。所以，由于干部准备充分，教研时教师讨论热烈且很有收获。园长的追问，使业务干部清楚地认识到：一是要研究老师，研究教师的现状，研究教师目前的需求，还要研究教师在教研过程中可能出现的状况等。这样可以有效提高业务干部研究教师需求的能力，能够选择适宜的问题与目标，让业务干部学会自下而上确立研讨的问题，帮助干部提高对问题的筛选和价值判断能力。二是要研究内容，让教师讨论的内容，干部一定要先做"功课"，学清弄懂，才能更好地引领教师的研究。三是要研究引领策略，提高干部设计适宜的研究过程和问题、选择适宜的研究方式、把握适宜的研究目标和研究节奏的能力。

三、园长指导保教工作有效实施的方法与策略

（一）随机和定时进班相结合

随机进班更容易看到教师工作的常态，能更客观真实地观察教师的工作态度和行为、专业能力和水平，有时能看到定时进班看不到的现象。定时或者有计划、有目的地进班能够围绕管理者关心的问题进行重点观察、研究，更有针对性地提高教师能力和幼儿园质量。应该说，两种进班看实践都有各自的意义和价值，各有优势和劣势，二者必须相辅相成，不可偏废。将两者有机结合地进行实践会帮助园长更准确地把握保教实践的信息，更准确了解管理优劣，使园长指导保教管理更有针对性。

（二）共同经历，研讨分析

保教实践管理中的问题，关系到幼儿发展目标能否实现，关系到教师队伍的稳定和水平提高，关系到幼儿园的生存，所以是不容忽视的。有时这些问题还不仅仅是保教管理的问题，有时这些问题仅靠业务管理者难以发现和解决，所以特别需要园长与业务干部或管理团队共同实践，在共同经历的过程中去研究解决问题的办法。

例如，某园根据环境创设中围绕"自然角"创设出现的问题（不重视，不会创设；材料匮乏，缺少引发幼儿探究的问题）进行了两次教研活动，业务管理者以为教师们说得都很明白，那么自然角环境创设应该没问题了，可是进班看时依然没有看到理想的改变。业务管理者感到很苦恼，于是与园长沟通。园长了解情况后，两人一起进班观察、分析，发现教师呈现的改变显示出教师并没有完全理解自然角环境创设的目的和方法，较少站在幼儿角度思考问题。于是，园长与保教管理者进一步明确了教研的具体目标和方式，最终使自然角的环境创设、材料投放、问题提出适应了幼儿特点，激发了幼儿的探究愿望和行为，使自然角发挥出了对幼儿进行科学教育渗透的价值。

（三）个别沟通，树立威信

每个人的成长都是需要时间的，每个人都是需要被尊重的。当园长发现业务管理中出现问题、需要指导时，要依据问题的严重程度，思考沟通的策略和场合，尽量在不影响业务管理者威信的情况下，多进行真诚的个别沟通，让业务管理者明白问题的实质及危害。要与其共同分析原因，思考解决问题的办法，帮助业务管理者找到问题原因和改进方法。这样的帮助，既保护了业务管理者在教师中的威信，让教师信任业务管理者，又保护了业务管理者的自尊心，有助于其积极学习和改进。

例如，园长发现新上任的业务园长工作非常尽职尽责，善于思考和研究，对教师也很真诚，乐于助人，也敢于管理不怕得罪人，使幼儿园的质量得到了很大提升。但是业务园长不讲究工作方法，让教师挺有怨言，影响了业务园长的威信，甚至在评价时给了兢兢业业的业务园长很低的分数。业务园长也很烦恼。考虑到业务园长工作繁忙又自尊心很强，直接告诉她不一定能够接受。于是，园长征求业务园长意见，以请她喝茶的方式，边聊天边了解她工作的苦恼和想法，在肯定她为幼儿园保教质量提高做了很多工作的基础上，帮她分析原因并让她意识到，如果不注意方法，不注意尊重教师的劳动和教师特点，很多工作难以做到教师心里，也会让自己的管理越来越陷入被动的道理。经过与园长耐心真诚的沟通交流，业务园长意识到了自己的问题并愿意改进，开始注意方法，园里的业务管理工作逐步顺畅起来。业务园长也逐渐得到了大家的喜爱。

（四）抽查文本

园长公务繁忙，深入一线的机会非常有限，怎么能了解更多保教管理的真实情况呢？有经验的园长多会通过各种渠道去了解，抽查文本即是常用的方式。文本抽查包括教师日计划、笔记、管理者的批阅等，从这些资料中，园长可以了解各类型教师工作状态、工作态度、专业知识和能力水平，了解教师的思想和境界、了解教师的工作及一些生活需要，了解教师的困惑及原因，还能了解教师不为人知的一些闪光点，等等。同时，也可以从业务管理者批阅中了解业务管理和指导是否到位，有哪些不足。可以随时对业务管理提出一些自己的想法和建议。

文本抽查的好处是利用业余时间也可以随时了解，弥补了园长工作繁忙无法进班了解真实情况的不足，同时还会帮助园长认识更多的教师。如若园长对文本再进行一些适当指导，更会让教师多一次获得专业指导的机会，能够丰富他们的经验，获得不同的启迪；也能使园长更好地了解自己的教师，了解幼儿，更好地为他们的发展和成长服务。

（五）随机访谈、交流

园长也可利用一些空闲时间，对教师进行个别访谈，或者随机与教师交流，把自己的困惑、想法与教师分享，随时了解教师的心理动态、想法和高招。平等地互相交流和沟通，往往能够打开心结，也会让园长了解一些实际情况，为改进管理措施提供信息。

(六)家长委员会

　　家长委员会其实是了解幼儿园质量问题的一个不错的途径。一是当今家长文化水平普遍提高,看问题的视野和角度也各不相同。二是现在家长非常重视幼儿的教育工作,有些家长也热衷于参与幼儿园管理和教育,注意学习和积累相关经验。所以无论从哪方面说,他们都给幼儿园教育和管理带来了不可多得的资源,如果园长学会利用这一资源,吸引家长更多地参与幼儿园管理和教育工作,家长有了幼儿园教育和管理的主人翁意识,也会给管理提出更多的建议和良策,帮助我们提高质量。

第三节　园长指导保教工作评价的原则与方法

　　保教工作质量标准不是以个人的喜好制定的。什么样的幼儿园是幼儿喜欢的?什么样的教育是适合幼儿的?什么样的班级工作是高质量的,家长满意的?孩子和家长满意与否才是衡量幼儿园工作质量优劣的标准。园长不仅要认真学习国家颁布的幼儿园各项法律法规,了解幼儿特点和学习方式,了解幼儿园保教工作的基本特点和质量标准,更要对儿童是什么、儿童需要什么心中有数,才可能有的放矢地引导园所保教工作管理向着高质量迈进。

　　评价即价值的判断,而价值判断受价值观的指引。价值观是指一个人对周围客观事物(包括人、事、物)的意义、重要性的总评价和总看法。我们自身有着什么样的价值观,我们的管理工作就会向着什么样的方向发展。我们都听过南辕北辙的故事,也听过"做事不由东,累死也无功"这句老话。价值观如果出现偏差或者是停滞不前,管理的结果就会是越忙越乱,越累越没有成绩。价值观的正确树立离不开四个要素。一是国家颁布的有关学前教育的重要法规、政策,以及相关文件中渗透的儿童观、教育观、发展观。本着与时俱进的原则我们首先要了解的就是《纲要》和《指南》。二是教育家通过长期实践研究形成的儿童观。三是各种早期教育理论中呈现的儿童教育观、发展观。四是目前学前教育领域热议的话题引发的课程观。明确这四个要素的目的就是要树立正确的儿童观、教育观、发展观,即我们管理的最终目标是弄清怎样看待儿童、怎样对待儿童、怎样促进儿童的发展。

　　说完价值观,那何为价值判断呢?园长如何对保教工作进行价值判断呢?园长要判断在保教实践中看到的、听到的，是否符合国家教育方针政策及《纲要》《指南》精神，是否反映了学前教育倡导的理念和方法，是否符合幼儿身体健康发展要求，符合幼儿的学习特点和规律；保教工作是否以游戏为基本活动，更多结合幼儿生活进行的渗透式教育、整合式教育，注重学习品质教育，而不是放弃这些而偏重于小学化、知识技能化的拔苗助长式的教育。园长要有正确的价值判断，要坚守学前教育的核心价值，才能把握住幼儿园健康发展的方向。

园长指导评价保教工作实施效果的主要目的是给保教业务管理者、保教人员树立正确的评价观念，树立合理的价值导向。例如，对儿童学习与发展的评价，要扭转以往重视儿童学习结果，而忽视儿童学习过程的观念，要引导教师在新的学前教育政策要求下，从尊重儿童出发，以激发儿童自主学习为宗旨，用积极的评价观念看待儿童的学习与发展，以积极的态度和共同提高的原则鼓励保教人员。

一、指导评价保教工作的原则

（一）把握过程性

《北京市贯彻〈幼儿园教育指导纲要（试行）〉实施细则》（以下简称《纲要细则》）指出，所谓过程性，即指"管理者要和教师共同运用专业知识审视教育实践，不断发现、分析、研究和解决教育工作中的问题，并在此过程中引导教师提高自身教育技能。要使评价过程成为促进教师自我成长的过程"

（二）把握多元性（多途径、多方式、多角度）

所谓多元性，是指教育评价是通过多种途径、多种方式、多种角度进行的。应综合运用观察、谈话、作品分析、问卷调查等多种手段和方法，使评价更客观，更立体，避免片面性。多元评价就是通过这些评价反观教育实施的适宜性、有效性，同时要对适宜、有效的原因进行分析，找到改进工作的方向和措施，使教育质量不断得到提升。

（三）重在激励性（调动积极性）

评价的最终作用是为了促进工作的改善。管理者如果不希望教师推一下动一下，不推不动，就要想办法调动教师进行反思和改善的内在动力。保教工作评价与反馈要重视对教师的激励，从评价指标的制订，到讨论修改，再到落实实施，每一个步骤和环节都要有教师们的参与。当教师们真正从内心清楚为什么要制订某一评价标准，其中的评价标准是否符合工作的实际需要，评价后的反馈是否能

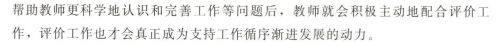

帮助教师更科学地认识和完善工作等问题后，教师就会积极主动地配合评价工作，评价工作也才会真正成为支持工作循序渐进发展的动力。

（四）自评与他评结合（幼儿、家长、同伴）

教师是具有主动性的能动的个体，我们相信他们在工作中多是能够意识到一些自己的优势和问题的，所以幼儿园教育工作评价应以教师自评为主，自评方式既可以引导教师学会自主独立思考，自我审视，也能保护他们的自尊心和自信心。但自我评价也会有以自我为中心的不足，俗话说"当局者迷，旁观者清"，评价如果借助幼儿、家长、同伴等其他资源进行，会使评价结果更客观、公正，让评价真正起到促进作用。

二、指导评价保教工作计划的方法与策略

（一）双向结合制订标准

无论是教育工作评价标准的制订，还是幼儿发展评价标准的制订，都要在园长带领大家深入学习相关理念和理论知识的基础上，与全园管理者和教师通过自下而上及自上而下的方式，结合实际情况有依据地研究、制订，同时要在实验、验证、反复推敲的基础上确定指标，达成共识。不可盲目，不可单方决定一意孤行，因为单方制订的评价标准会让教师在不理解的基础上被动执行而产生抵触情绪。

制订评价标准时，要注意教育计划是否建立在本班幼儿学情分析、兴趣需要的基础上；内容是否注意幼儿发展的基础性、科学性，满足幼儿探索和创造性发展的需求，兼顾个体差异和群体需要；教育形式和方法是否符合幼儿的学习方式和特点，是否能调动幼儿学习的积极性；教育环境是否安全、丰富，有利于幼儿自主学习并具有一定的挑战性；教育过程是否能够给幼儿提供有益的学习经验和探索、创造的机会，有利于幼儿进行主动有效的学习。

幼儿发展评价要注意：

第一，全面了解幼儿的发展现状，防止片面性。要特别注意对幼儿终身发展有益的品质的培养现状，避免只重知识和技能，忽略情感和实际能力的倾向。

第二，评价应在日常活动和教育教学过程中进行，尽量采用观察和记录的方法，特别注意分析幼儿的行为表现和积累的各种作品，为制订个体教育计划提供依据。

第三，承认和关注幼儿的个体差异，避免用唯一的标准评价不同的幼儿，在幼儿面前慎做横向比较。

第四，以发展的眼光看待幼儿，既要了解幼儿现有的水平，更要关注其发展的速度、特点和倾向等。

(二)评价过程的公开公正

评价过程应该是一个各方人士共同参与的过程，应采取公开、公正的态度。要让教师感受到共同确定的标准对任何人的要求和操作都是公开的，是一碗水端平的。评价是对事不对人的，没有人员之间的亲疏远近之分，特别是与效益挂钩的时候更需要强调这一点，这也是作为有专业素养的管理者最应该坚守和把握的。公开公正是教师对管理者最大的期望，也是让评价起到奖优罚懒，提高促进作用的关键。

(三)评价结果的反思反馈

教育工作评价结果出来后，管理者首先要进行了解、分析和反思。了解整体优势，给予表扬鼓励并在管理中进一步发扬。了解问题后，一要深入分析原因是哪方面的，对于不同问题选择不同的解决方式进行改进。二要针对问题与教师进行个别反馈沟通，了解教师想法，帮助他们认识问题，寻找出现问题的原因，引导其调整改进。

幼儿发展评价结果出来后，园长也可采用全面检查或抽查的方式了解幼儿发展现状，以及保教管理、班级工作对幼儿发展的适宜性、有效性，分析造成问题的原因，在管理上给予关注，通过分析问题、制订计划调整和改进保教工作。

结　语

　　随着《幼儿园园长专业标准》的出台，学前教育领域对园长专业性的要求越来越高，《标准》也更加明确了园长专业化发展的各项指标。《标准》聚焦园长领导力，从价值领导、组织领导和教学领导出发，确定了园长六大核心工作内容，具体涵盖了幼儿园发展、营造育人文化、领导保育教育、引领教师成长、优化内部管理、调适外部环境六大方面内容。每一个领域又分别从专业理解与认识、专业知识与方法、专业能力与行为三个维度进行了详细阐述。

　　实现园长专业化是幼儿园园本发展的必然选择。园长是幼儿园的最高领导，肩负着幼儿园改革与发展的决策规划、领导组织、协调控制等管理职能，只有专业化素质较高的园长，才能使幼儿园实现可持续发展。实现园长专业化是新型教育改革的必然趋势，随着计划经济向市场经济转轨，幼儿园体制也发生了相应的变革，经费来源由全额拨款转向差额拨款，甚至自负盈亏，在这种转型之下，园长应重新定位自己的角色，要有独特的管理理念、教育思想，办出幼儿园的特色，成为带领幼儿园全体职工实施园本管理，走自主管理、自主发展之路的专业化园长。实现园长专业化是提高幼儿园管理的重要保证，园长是一园之魂，园长的专业素养水平的高低，在很大程度上决定了幼儿园管理水平的高低，如幼儿园的发展定位、幼儿园特色的形成、幼儿园文化的形成等，都需要一园之长尽可能地精通幼儿园的业务工作，并在此基础上进行卓有成效的管理。

　　本书作为"幼儿园园长专业能力提升丛书"之一，从园长领导保教工作的实施这一点切入，在遵从《标准》中园长指导保教工作内容框架的基础上，考虑到文本的可读性及对于园长指导保教工作的实际意义，特将指导的具体策略及方法单独作为一章，希望园长在指导保教实践中，能够结合具体实际，将章节中提到的一系列方法和策略应用上，对工作提供实质性的帮助，让保教管理更能游刃有余。

　　结合相关文献资料及前面几个章节的内容，笔者认为，实现园长的专业化发展依赖主客观两方面的因素。主观上，园长必须具备自主成长的意识，能够做到在观察分析中明确方向，在梳理总结中厘清思路，在自主学习中丰富知识，在反思行动中提升能力。客观上，必须优化外部环境，包括完善相应的园长工作权责标准、园长资格及培训制度、园长的激励与考评制度，呼吁加强国家对园所的投入力度等方面。

一、提升自主学习和成长的意识与行为

树立自主学习、终身学习的观念是园长落实和成就自身可持续发展、高质量发展的基础，是教育改革和园所进步不可缺少的条件和动力。教育心理学家奥苏贝尔将学习分为接受学习和发现学习，接受学习是指个体经验的获得来源于学习活动中主体对他人经验的接受，把别人发现的经验经过其掌握、占有或吸收，转化为自己的经验。而发现学习则是通过学习者的独立学习、独立思考，自行发现知识，掌握原理。大数据时代的今天，各种各样可以学习的资源充斥在我们身边，选择什么来学习、学什么、怎么学，越来越受到个体主观性的影响。倘若个体对周围的万事万物都置若罔闻而故步自封，想必会很快被信息化时代所淘汰。在这种情况下，自主学习的概念被提出，学会学习，学会主动学习是这个时代赋予每一个人的使命。

(一)观察分析中明确方向

园长只有不断结合国家新的学前教育发展趋势，结合本园的实际，才能够很好地把握住园所保教工作的总体发展方向，少走弯路。园长需要具备对学前教育相关政策的敏感度，需要做到与时俱进，才能积极创新。除此之外，对政策的敏感仅仅停留在关注、了解的基础上是不够的，园长需要认真地去解读。例如，教育部2016年3月份出台了新的学前教育规程，这是在继1996年旧规程颁布以来对学前教育最核心的政策文本的改革。这一次改革的背景是什么，改革的主要内容是什么？这就要求园长必须认清当前的形势，并且在对比新旧规程的过程中，把握国家学前教育当前关注的重点内容。这样，在落实政策文本时，才能够心中有数，方向明确。

(二)梳理总结中厘清思路

一份保教工作计划的制订，不仅需要结合新的政策文本的内容，同时还要考虑本园的实际，了解我园保教工作的发展历程、存在问题，需要对以往的保教经验进行深入的分析和总结。因为只有在不断地总结和分析中，才能不断获得经验，经验积累到一定程度，才能在下一次行动之前，轻松地厘清思路。

（三）自主学习中丰富知识

1. 丰富与保教管理相关的理论性知识

理论性知识是园长进行科学保教、科学管理的基础，尤其对拥有不同背景的园长来说，学习与了解专业的理论知识会使园长在开展工作时受益匪浅，并能提高园长自身的专业水平。在教育方面，园长要了解与幼儿身心发展相关的教育学、心理学、学前教育学、发展心理学等学科的相关知识，掌握各个领域的幼儿教育知识。在管理与领导方面，园长要理解类似于组织理论、领导理论、管理理论、人力资源开发等相关的理论知识，还应熟悉《3～6 岁儿童学习与发展指南》《幼儿园教育指导纲要（试行）》等有关学前教育的相关教育政策。幼儿园园长对专业方面理论知识的了解会使其在教育教学与管理工作中更能融会贯通，更有针对性与独创性。

2. 丰富实践性知识

以理论性知识做铺垫，实践性知识是指引园长落实实际工作的途径与方法，幼儿园园长更应汲取实践性知识的精华为自我的专业成长提供养分与动力。园长作为教育者，在环境创设方面首先应在先进理念指导下具有环境创设的基本知识，对于幼儿园环境的重要意义、环境创设的内容，以及如何创设能够发挥更大的价值，能够吸引幼儿，给幼儿带来美的熏陶和潜移默化的教育影响，要心中有数。在一日活动设计方面应能掌握并运用设计、执行与评价教学计划和保教活动的相关知识，能利用知识引导教职工进行科学教学，并能了解与运用考核、评价与测量等教育技术。作为领导者，园长不仅应掌握并运用相关的专业实践性知识，在日常管理中也应适时运用激励理论、沟通理论与团队建设理论中的科学领导方法，提高园长自身的领导力。在管理方面，园长主要侧重于对人、财、物的管理，园长要能运用选拔、任命、评价中层管理人员的知识，做到科学用人；园长要能运用预算、会计、经费管理等实操性知识确保幼儿园的资金得到合理利用，做到收支有度；园长还应掌握并运用与幼儿园的设备资源有关的知识，对园内硬件设施进行科学管理与养护。此外，园长还应掌握能与家庭、政府、企业等力量进行合作的相关知识，做到各种资源为我所用。

（四）反思行动中提升能力

1. 提高促进教师与儿童发展的能力

保教管理的核心要素即教师与儿童，保教管理的最终目的是实现教师与儿童的发展，那么提高促进教师与儿童共同成长的能力就成为园长指导保教工作的重中之重。

幼儿园园长要提高引领教职工专业发展的能力，教职工的教学能力与工作水平直接影响教学质量与办园质量。作为教育者，园长应了解教师的成长需求，鼓励并引领教师进行专业培训，提高教师专业能力，为教师的专业发展创造良好的条件和环境。园长要能指导教师的教学活动，能客观评价教师的工作，并能给教师的保教活动提出建设性意见。园长应坚持保教结合的原则，坚持保育与教育并重，提高促进幼儿全面、和谐发展的能力。园长应了解儿童的身心发展特点，给幼儿提供合理的教育，重视幼儿的情趣、情感与能力的发展；创造类似于家园合作、社区活动等多种形式的教育场景，注重幼儿的社会知能的培养；注重幼儿园的环境创设、幼儿园一日生活，为幼儿的身心发展提供健康、优质的教育环境。

2. 提高组织领导与愿景领导的能力

组织领导力是园长开展各种教育工作与教育活动的前提，并且幼儿园的良性发展离不开园长有组织的领导与指引。园长应重视该职权的利用，有系统、有条理地组织幼儿园开展各项工作，有条不紊地处理纷繁复杂的日常事务，在关键时刻应做出正确的决断。

园长应提高自身对幼儿园、教职工团队的愿景的领导能力，幼儿园的愿景是幼儿园的价值体系、教育观的综合体现，园长应领导教职工，调动教师工作积极性，打造幼儿园的特色，为实现幼儿园愿景而努力。园长还应创建教师团队发展的愿景，培养优秀的团队文化，组建积极的学习团队，共同为实现团队愿景而努力。

3. 提高组织管理与人事管理的能力

一方面，园长应加强自己的组织协调能力，能够对幼儿园的宏观发展与长期目标做出合理的规划与筹备，并能运用科学数据做出预测与规划，能够执行有关幼儿园及教职工的相关政策与法规，具有实现目标管理的能力。另一方面，园长应具有人事管理能力，在教职工的选拔、任用方面有一定标准，在教职工的角色与工作性质方面有专业的认识，并能考评与监督教师的工作，能够运用激励制度激发教职工的工作热情，使教职工能够支持与响应园长的工作要求。

二、优化制约园长保教管理专业化发展的外部因素

提高幼儿园园长指导保教工作的专业化水平，仅仅依赖园长自身的努力是远远不够的，良好的保教管理环境也是必不可少的。园长的专业发展需要个人因素

与外部因素的共同作用，园长个体起主动作用，外部支持起推动作用，两者共同推进幼儿园园长专业发展。

(一)践行幼儿园园长专业标准

《幼儿园园长专业标准》是引领幼儿园园长的基本准则，各级教育行政部门应将此标准作为幼儿园园长队伍建设的重要依据。严格遵照园长标准，制定并完善幼儿园园长的任用制度，建立园长队伍建设的长效机制，全面促进园长的专业发展。

在对幼儿园园长培训时，园长培训机构要将《标准》作为培训的重要依据。培训机构要提高对园长性质和职业特点的重视，有重点、有针对性地对不同性质的园长进行学科建设和专业建设的指导，并能根据园长专业发展阶段的特点与需求，完善和优化培训方案，科学合理地设置对民办幼儿园园长的培训课程，创新对园长的培训模式与流程。以《标准》作为培训依据，提高园长培训的科学性。

(二)完善园长资格与培训制度

1. 完善园长资格制度

园长资格制度包括园长资格考试制度、园长资格证书制度和持证上岗制度，其中园长资格证书制度是核心，其他两项是园长资格制度的有力保障。园长资格制度的建立可以确保园长群体的合法权益，并使园长经过严格的系统培训与教育获得特定知识与技能，使园长获得从业资格。《幼儿园园长专业标准》已经颁布，参照园长专业标准，国家应尽快出台政策使园长资格制度化。园长资格制度化是园长专业发展的基本特征，也是实现园长专业化的必要途径。

2. 完善园长培训制度

完整的园长培训体系包括职前培养、入职培训和职后培训。职前培养能使园长通过短期学习获得一定的幼儿园工作经验和管理经验，并取得幼儿园园长岗位培训合格证书；入职培训指根据园长自身特点及所在幼儿园特点为园长提供实效性培训，使其尽快开展工作；职后培训指根据实际情况有针对性地开展培训，改进和完善园长的管理水平和领导水平。完整的培训体系是开展专业化培训的前提与基础。首先，专业化的园长培训要切实做到以园长的专业发展为中心，秉持科学的培训理念，真正做到提高园长的专业意识、专业知识、专业能力等专业素养。其次，根据园长的实际情况设计培训课程与确定培训内容，突出培训的重点，注重培训内容的专业化，提高培训的价值。最后，培训形式应多样化与灵活化，培训过程中应改变以授受为主的模式，适当运用参与、协作与反思等形式进行培训，提高培训质量。

（三）健全园长激励与考评制度

1. 健全园长激励制度

园长的激励制度目的是激发园长的内在动力，帮助园长获得专业领域内的级别晋升，通过对其专业水平的认可获取不断提升的专业地位和社会声誉。园长通过激励制度从自身角度出发，积极追求自我的专业成长与发展，不断追求自我的职业价值，尤其对园长来说，专业领域内的深造与学习使园长更能获得社会的认可与较高的社会声誉，为幼儿园工作的开展奠定基础，不仅有利于幼儿园的发展，更有助于自己的专业成长。这一制度为促进园长整体的专业化提供了保障。

2. 健全园长考评制度

园长考评制度的建设主要是为了提高园长工作积极性，促进其专业发展。考评制度的建设应以《幼儿园园长专业标准》为参考依据，并结合幼儿园的实际工作情况和园长的职位性质确定考评的内容。考评要重视方式方法，要注重形成性评价与终结性评价相结合的方法，形成性评价使园长对自我成长做纵向评价，终结性评价引导园长对教育理念、工作态度等做全面横向评价，使园长能够确定自己的发展位置。此外，还应注重自评与他评相结合的方法，通过自我剖析与他人监督更客观地使园长认识到自身及工作中的问题。

（四）加大政府支持与关怀力度

1. 加大资金投入，丰富办园资源

政府应加大对幼儿园的扶持力度，尤其是对构成比最大的民办幼儿园的扶持，采用税费减免、差额拨款等直接资助与以放宽收费自主权为代表的间接资助的形式帮助民办幼儿园解决玩教具不足、教学设备缺乏等硬件设施配套不完备的问题，加强园舍建设，改善办园条件，丰富办园资源。幼儿园在政府的扶持下解决了园所的生存问题，园长为了谋求幼儿园更长远的发展，当然会将节省下来的经费用于园内教职工的专业培训与自身专业成长方面，丰富的办园资源也会锻炼园长的管理与运营的能力，在很大程度上促进幼儿园园长的专业发展。

2. 建立园长专业组织，营造专业发展氛围

园长专业组织是为了保护园长的合法权益，促进园长的专业发展而自愿组织形成的以幼儿园管理者为主要成员的社会团体。对园长个体来说，该组织通过开

展相关活动使园长完善自己的思想和行为，为园长专业成长提供条件与支持；对园长群体而言，该团体通过组织专业培训、专业研讨等多元化活动塑造专业角色形象，和政府、教育行政部门保持沟通与合作，提高专业影响力。该组织通过对内提高专业素养，对外扩大影响力来提高组织专业发展的公信度。政府要鼓励幼儿园园长建立园长专业组织，并为园长专业组织提供宽松的政策环境，减少对该组织的直接管理，加大对该组织的鼓励与引导力度，使其能真正发挥提高保教质量、促进专业管理等方面的职能，为其发展创造和谐的氛围。此外，园长专业组织也要端正对自身的认识，加强对园长专业组织的建设与运行，注重理论与实践的结合，勤于捕捉幼儿教育热点问题，让组织充满活力，为园长专业成长提供良好的氛围，真正促进幼儿园园长的专业发展，从而推进园长整体的专业化进程。

参考文献

[1]蔡迎旗，凯瑟琳·C. 斯尔科. 美国幼儿保育与教育中的政府职能[J]. 外国教育研究，2011(7).

[2]陈苗. 幼儿园教师领导力的结构及影响因素研究[D]. 杭州：杭州师范大学，2011.

[3]陈宁. 英国学前教育保教一体化改革研究[D]. 保定：河北大学，2013.

[4]董汉民. 我国当前幼儿园园长有效领导行为的调查研究[D]. 济南：山东师范大学，2005.

[5]房玮婧. 优秀园长专业发展的影响因素研究[D]. 呼和浩特：内蒙古师范大学，2010.

[6]冯国芳，施俊. 园长专业化发展及其管理对策的思考[J]. 上海教育科研，2007(5).

[7]冯晓霞. 幼儿园教师的专业知识[J]. 学前教育研究，2012(10).

[8]付荣. 强化业务指导提高保教质量[J]. 甘肃教育，2012(23).

[9]高立. 提高幼儿园保教质量的策略[J]. 新课程(上)，2014(11).

[10]贺小叶. 从园长的工作经验谈起——幼儿园保教人员的选聘与管理之我见[J]. 新课程学习(上旬)，2014(5).

[11]洪秀敏，刘鹏. 全美幼教协会《幼教机构管理者定义与专业素质》及其启示[J]. 比较教育研究，2015(03).

[12]吉萍. 论提升幼儿园保教质量的重要途径[J]. 中国校外教育，2015(10).

[13]雷妍. 上海公办幼儿园园长胜任力模型研究[D]. 上海：华东师范大学，2014.

[14]李冰妮. 园长管理能力探析[J]. 学前教育研究，2005(4).

[15]李季湄，肖湘宁. 幼儿园教育[M]. 北京：北京师范大学出版社，1997.

[16]李俊乐. 民办幼儿园新任园长的任职困惑及对策研究[D]. 呼和浩特：内蒙古师范大学，2015.

[17]刘建红．民办幼儿园园长专业化的现状分析与策略研究[D]．四平：吉林师范大学，2015.

[18]刘静．园长专业发展背景下的园长反思能力的研究[D]．呼和浩特：内蒙古师范大学，2014.

[19]刘霖芳．教育变革背景下幼儿园园长领导力研究[D]．黑龙江：东北师范大学，2015.

[20]刘云艳．教师专业化发展过程中园长工作职责反思[J]．幼儿教育，2009(27).

[21]罗海燕．创新管理机制提升保教质量[J]．课程教育研究，2014(9).

[22]罗丽，洪秀敏．园长领导力的现状调查与分析[J]．幼儿教育，2012(Z6).

[23]吕晓，杨晓萍．园长专业化知识基础的构成与发展途径[J]．学前教育研究，2011(12).

[24]吕晓．园长专业化知识的发展途径[J]．课程教材教学研究(幼教研究)，2013(1).

[25]马虹，李峰．幼儿园保教管理工作指南平[M]．上海：华东师范大学出版社，2014.

[26]秦金亮．教育领导专业化背景下的《幼儿园园长专业标准》[J]．幼儿教育，2015(33).

[27]邱晶．幼儿园园长专业素养现状的调查研究[D]．长沙：湖南师范大学，2015.

[28]侍孝镯．构建幼儿园保教一体化的教育实践研究[J]．中国校外教育，2012(4).

[29]孙玉洁．加强目标管理提高幼儿园保教管理的效益[J]．山东教育，1999(33).

[30]索长清，姚伟．全美幼教协会幼教机构管理者专业能力标准研究[J]．现代教育管理，2015(4).

[31]童宏亮，杨亮英，李锦．论幼儿园园长的自我反思[J]．教育探究，2016(1).

[32]王小英，缴润凯．基于《幼儿园园长专业标准》的园长培训课程构建[J]．学前教育研究，2015(4).

[33]乌兰格日勒．提高园长对教师管理沟通有效性的研究[D]．呼和浩特：内蒙古师范大学，2011.

[34]向小英．园长领导力的反思与重构[D]．上海：华东师范大学，2007.

[35]杨英杰．园长要用好保教人员这面"镜子"[J]．学前教育，1998(7).

[36]易凌云．如何实现园长专业化[J]．教育导刊(下半月)，2010(11).

[37]易凌云．幼儿园园长专业标准的构建原则与基本内容[J]．学前教育研究，2014(5).

［38］易凌云 . 园长职业需要专业化吗［J］. 教育导刊（下半月），2010（10）.

［39］张恬 . 幼儿园园长胜任特征研究［D］. 重庆：西南大学，2013.

［40］张鲜丽 . 基于保教质量评估的幼儿园教师评价指标体系研究［D］. 鞍山：鞍
山师范学院，2014.

［41］张晓辉 . 幼儿园保教工作优化现状及其改进策略［J］. 学前教育研究，2014（11）.

［42］朱婉青 . 依托信息技术让保教沟通无极限［J］. 小学科学（教师版），2015（4）.

［43］Culkin，M. L. Administrativeleadership. In：s. L. Kangan&B. T. Bowman.（eds）
Leadershipinearlycareand education［J］. Washington，DC：NAEYC，1997.